Louis XIV

Roi de la démesure

Direction la publication : Carine Girac-Marinier
Direction éditoriale : Christine Dauphant
Edition : Karla Opelik
Direction artistique : Cynthia Savage
Conception graphique et mise en page : Florence Le Maux
Iconographie : Valérie Perrin
Fabrication : Donia Faiz

L'Éditeur remercie Chloé Bouloc
et M. Julien Paganetti (Autographes des siècles, à Lyon).

ISBN 978-2-03-590922-0

Henry-Jean Servat et Mathieu Banq

Louis XIV

Roi de la démesure

LAROUSSE

Sommaire

Préface
de LL. AA. RR. Les princesses Béatrice et Anne de Bourbon des Deux-Siciles

Louis XIV est notre ancêtre à la dixième génération, en ligne directe, de roi de France en roi d'Espagne, et de roi d'Espagne en roi des Deux-Siciles. Et pas une, ni deux, ni trois fois… mais vingt-cinq fois ! En réalité, nous en descendons par trois de nos quatre arrière-grands-parents paternels.

Le 1er septembre 1715, il y aura trois cents ans cette année, le Roi-Soleil s'éteignait, au terme d'un règne de 72 ans, 3 mois et 18 jours. Le plus long de l'histoire de France. Si nous sommes les premières à déplorer les dérives du souverain au crépuscule de sa vie – les guerres terribles, le Code noir réglant l'esclavage, l'intolérance religieuse et la révocation de l'édit de Nantes –, notre sang de Capétiennes entre en ébullition quand la critique n'est qu'à charge ! Louis XIV est aussi, et avant tout, le monarque qui a hissé le pays à son apogée, lui offrant un rayonnement sans égal en Europe.

La paix intérieure rétablie après les troubles de la Fronde, le roi a repoussé et affermi les frontières, vers les Flandres, l'Alsace et la Franche-Comté. En s'appuyant sur la sage administration de Colbert, un autre de nos ancêtres, maternel cette fois, il nous a offert Versailles, la quintessence de l'excellence et la vitrine du savoir-faire français, ainsi que de grandes manufactures : miroirs de Saint-Gobain, soies de Lyon, tapisseries de la Savonnerie, des Gobelins, de Beauvais… Nous recueillons, aujourd'hui encore, les fruits de cette industrie du luxe qui contribue toujours au rayonnement de la France dans le monde.

Louis XIV aimait le Beau, et voulait le partager avec tous. Sous sa sage administration ont été fondées l'Académie française, l'Académie de peinture et sculpture, l'Académie des sciences, l'Académie d'architecture, la Comédie-Française et l'Académie de Musique. Il a été le mécène et le protecteur des arts et des artistes. Corneille, Molière et Racine étaient ses auteurs, Le Brun, Rigaud et Mignard ses peintres, Le Vau et Mansart ses architectes, Le Nôtre son paysagiste… L'Histoire ne s'y est pas trompée, elle a baptisé « Grand Siècle » le siècle de Louis le Grand.

Aujourd'hui, notre famille s'attache toujours et encore à la tradition et au modernisme de son ancêtre aussi bien à travers l'ordre constantinien de Saint-Georges avec ses actions tournées vers l'humanitaire et la propagation de la foi dans le monde, que par la reconnaissance et la sauvegarde des métiers d'art et des demeures historiques de l'Italie du Sud, dont le château familial de Caserte, rayonnant de beauté et d'équilibre à l'image de Versailles, est un des plus précieux joyaux. Alors, comment refuser à notre cher Henry-Jean Servat la préface de son ouvrage sur Versailles et le Roi-Soleil, qui mêle avec bonheur la petite histoire et la grande, le règne de Louis XIV et la vie de l'homme Louis Dieudonné ?

Avant-propos

Louis le Quatorzième fut et reste un soleil. Un soleil sur la terre. Cet astre royal demeure, encore et toujours, le plus célèbre de tous les rois de France. Il continue de régner comme le symbole de la monarchie absolue, triomphante et rayonnante tant dans la voie lactée que dans la légende des siècles, à travers la marche de l'Histoire, les archives nationales, l'inconscient populaire et la mémoire du monde.

En soixante-dix-sept années d'existence et cinquante-quatre ans de règne, Louis XIV nous laisse l'image d'un monarque majestueux et mirifique, qui aima sa mère et ses pairs, la chasse et la danse, ses bâtards et ses palais, les femmes et les dorures, la grandeur et la puissance, les rubans, les arts et les lettres.

À sa façon, par-delà les images chatoyantes d'un passé glorieux, il incarne une certaine idée, grandiose jusqu'à la grandiloquence, d'un beau pays de France croyant en sa grandeur ainsi qu'aux séductions du prestige et aux artifices de la représentation.

Certes, durant le long règne de Louis le Quatorzième, il y eut nombre de revers à la médaille. Les protestants furent chassés de leur patrie à la suite de la honteuse révocation de l'édit de Nantes. Des centaines de milliers de ses sujets périrent à la guerre. Beaucoup d'autres décédèrent sur les chantiers de construction des chantiers royaux. Et des millions de gens moururent de faim, d'épidémie et de maladies, même si pareils désastres ne peuvent être imputables au seul souverain.

Malgré ces zones d'ombre, ces taches de sang sur la couronne, Louis bâtit un État moderne. Il affaiblit la noblesse et centralisa le pouvoir. Pourtant peu « intellectuel », il distingua les créateurs, protégea les artistes, encouragea les savants, aida les musiciens, créa de grandes institutions culturelles et de somptueux bâtiments historiques.

Il crut surtout, comme personne, en l'éclat éternel de son royaume auquel il adjoignit de nouvelles provinces et qu'il constitua même en un empire colonial. Grand sire, roi des rois, souverain autoritaire, personnage magnifique, cœur d'artichaut, Louis XIV sut enrichir la France et lui conférer une aura exceptionnelle qui n'en finit pas de briller à la lueur des mille et une bougies scintillantes toujours allumées dans la nuit nacrée de Versailles.

Henry-Jean Servat

Portrait de Louis XIV jeune.

Un Dauphin inespéré

Mardi 6 septembre 1638. Dans une chambre du château de Saint-Germain-en-Laye, les représentants du Parlement de Paris se pressent pour découvrir un nouveau-né chiffonné, qui somnole entre les bras de Madame de Longuet de la Giraudière, sa nourrice. Les robins parisiens viennent rendre hommage au nouveau prince royal, mis au monde, devant la cour, la nuit précédente. Ils aperçoivent pour la première fois un Dauphin dont plus personne dans le royaume n'attendait l'arrivée. Il faut dire que le fils de Leurs Majestés Louis XIII et Anne d'Autriche vient au monde après vingt-deux ans d'un mariage plus que compliqué...

Des parents peu unis

Le couple royal ne s'accorde pas vraiment… Louis XIII est timide, réservé, peu à l'aise avec les femmes. Il ne ressemble en rien à son père, Henri IV, le « Vert Galant », coureur de jupons invétéré. Le 21 novembre 1615, à quatorze ans, il est marié à Anne d'Autriche, l'infante espagnole, qui a le même âge. La reine mère Marie de Médicis, qui a arrangé le mariage, pousse le jeune couple vierge à consommer son union rapidement, en présence des nourrices. Louis ressort déçu et humilié de cette première expérience sexuelle ratée. Dès lors, il peine à se sentir proche de son épouse, ce qui lui vaudra un surnom moqueur : « le Chaste ». Toute sa vie, Louis XIII préférera la compagnie des hommes – il est même soupçonné de s'adonner à l'homosexualité –, ou les relations platoniques qu'il entretient successivement avec Marie de Hautefort et Louise de La Fayette. Ses rapports avec la reine se montrent, dans tous les sens de l'expression, distants.

Louis XIV nourrisson, représenté emmailloté selon la coutume de l'époque, dans les bras de sa nourrice Marie de Longuet de la Giraudière.

Une reine mélancolique

Anne, belle mais délaissée par son mari et rabaissée par sa belle-mère, balbutiant la langue, ne se sent pas chez elle en France. Entourée de suivantes espagnoles, vêtue d'amples robes sombres, elle continue de vivre à la façon de la cour madrilène. Essayant bon an mal an de s'amuser malgré sa solitude, elle donne à son époux l'impression d'être frivole. En apportant constamment son soutien à l'Espagne face à la politique anti-Habsbourg de Richelieu, elle se fait mal voir par le tout-puissant cardinal et par une partie des courtisans. Les relations s'améliorent, en fait grâce au duc de Luynes, connétable du royaume et grand ami du roi, qui pousse littéralement Louis dans la couche d'Anne. Et ainsi, à partir de 1619, le roi et la reine couchent ensemble deux fois par semaine. Fin 1621, Anne est enceinte, Louis XIII se réjouit.

Anne d'Autriche, reine de France, épouse de Louis XIII et mère de Louis XIV.

Gaston d'Orléans, frère du roi Louis XIII.

Un mariage au point mort

Mais, en mars 1622, alors qu'elle joue avec ses suivantes, la reine fait une chute et perd l'enfant. Cette première fausse couche est suivie d'une seconde, en 1626. Pour le couple, c'est la catastrophe. Pessimiste en diable, Louis XIII prend à nouveau ses distances et arrête complètement de fréquenter sa femme, en 1628. Il y est encouragé par les rumeurs folles et sûrement infondées qui se répandent sur les amours extraconjugaux d'Anne, soupçonnée d'entretenir une multitude de relations, notamment avec Gaston d'Orléans, le frère du roi, ou avec le duc de Buckingham. Pire, en 1635, il découvre qu'Anne échange des messages confidentiels avec son frère Philippe IV, le souverain d'une Espagne qui vient d'entrer en guerre contre la France. C'est la goutte d'eau qui fait déborder le vase : Louis XIII place l'indélicate sous surveillance constante. Vingt ans après les épousailles, la perspective de voir naître un héritier au trône de France semble donc bel et bien enterrée. Gaston d'Orléans, premier sur la ligne de succession au trône, ne cache plus sa joie, voire son impatience. Et pourtant...

Anne d'Autriche et ses deux enfants, Louis et Philippe, priant devant saint Benoît et sainte Scholastique.

Une naissance quasi mythique

L'histoire officielle veut que, le 5 décembre 1637, le roi quitte son modeste château de Versailles pour aller passer la nuit à Saint-Maur, à l'autre bout de la capitale. En chemin, il s'arrête au couvent des filles de Sainte-Marie, rue Saint-Antoine, pour converser avec sa favorite de cœur, Louise de La Fayette, qui aurait rappelé à son interlocuteur la nécessité de concevoir un héritier pour le trône. Alors que Louis quitte l'édifice, un orage éclate. Le souverain piétine un moment, en attendant une accalmie qui ne vient pas. C'est à ce moment que le capitaine des gardes, un dénommé Guitaut, conseille à son roi de passer la nuit au palais du Louvre, proche. Ce palais du Louvre où dort également Anne d'Autriche, et où – le hasard fait décidément bien les choses – aucune chambre n'est prête pour accueillir le monarque de retour de sa partie de chasse. De mauvaise grâce, Louis accepte de partager le lit de la reine. Et, semble-t-il, d'accomplir son devoir conjugal, puisque le Dauphin voit le jour neuf mois plus tard.

Ce récit, mis en avant sous le règne de Louis XIV, a de quoi séduire : l'orage qui force les deux époux à passer une nuit dans les bras l'un de l'autre ne serait rien de moins qu'une manifestation de la Providence, qui a bénéficié en sus de l'appui d'une favorite devenue nonne ! En réalité, rien ne permet de prouver que Louis XIV est réellement conçu cette nuit. D'autant plus que, depuis août 1637 et grâce à l'insistance de Richelieu, les deux époux se sont officiellement réconciliés... Le roi et Anne d'Autriche ont bel et bien dormi ensemble, à plusieurs reprises, dans les semaines précédant ou suivant la fameuse soirée du 5 décembre. Ce sont autant d'occasions, moins marquantes certes, d'œuvrer à la conception du futur prince héritier.

Louis XIII,
le père de Louis XIV.

Un cadeau divin

Les contemporains, eux, ne s'embarrassent pas de savoir quand et où est né l'enfant. Alors que les évêques de France enchaînent les Te Deum (chant d'action de grâces qui célèbre un événement heureux) et demandent à leurs ouailles de prier pour le jeune Louis, ce dernier reçoit comme deuxième prénom Dieudonné, tant on voit en son arrivée un signe divin. Son père, qui a consacré le royaume de France à la Vierge Marie dès la grossesse connue, parle de « naissance miraculeuse ». Anne veut faire ériger une église : ce sera celle du Val-de-Grâce. Mais la succession royale n'est pas sauvée pour autant. Après un accouchement public compliqué – Louis XIII ordonnant aux médecins de tout faire pour sauver son fils, quitte à perdre son épouse –, il faut encore que l'enfant survive aux infections, mortelles à l'époque. On fait venir à Saint-Germain l'évêque de Meaux afin qu'il baptise le bébé, le jour même de sa naissance ! Mais l'héritier s'accroche à la vie. Il passe sa première année – la plus dangereuse –, puis une autre. Le 21 septembre 1640, il est rejoint par un petit frère : Philippe, duc d'Anjou. Cette deuxième naissance, qui se déroule mieux que celle de Louis Dieudonné, rassure Louis XIII : avec deux enfants mâles et en bonne santé, l'avenir du royaume semble assuré. Gaston d'Orléans peut déchanter.

LES RUMEURS, DÉJÀ...

Si la question de la date de conception de Louis XIV importe finalement peu, celle de sa paternité enflamme les imaginations depuis trois siècles et demi. Anne, si belle et si courtisée, n'aurait-elle pas fauté ? Louis XIII n'était-il pas impuissant ? Mazarin, déjà présent en coulisses, bientôt si proche d'Anne et de Louis XIV, n'aurait-il pas entamé une relation avec la reine ? Autant de vraies rumeurs que la majorité des historiens s'évertuent depuis trois siècles à combattre.

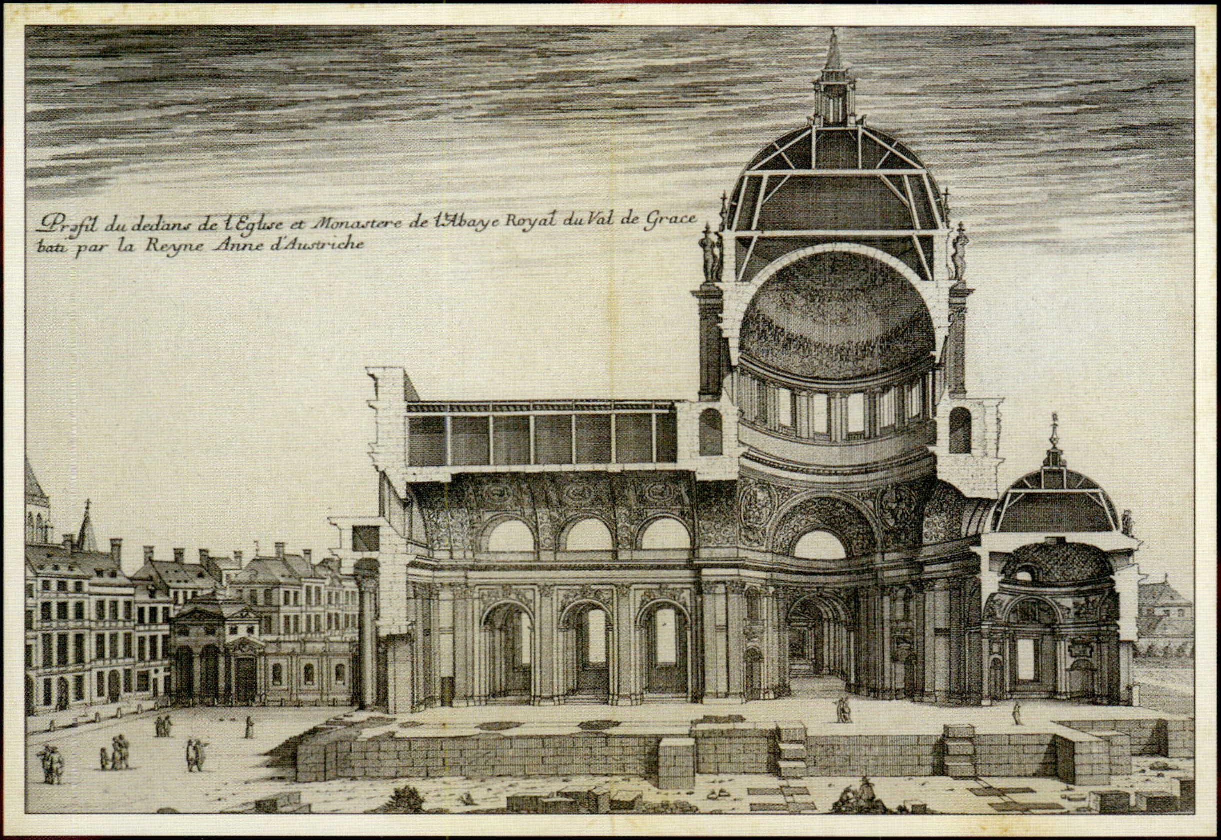

Profil de l'intérieur de l'église de l'abbaye royale du Val-de-Grâce bâtie par la reine Anne d'Autriche.

UNE ENFANCE DIFFICILE

La jeunesse de Louis Dieudonné n'a pas grand-chose à voir avec la vie du Roi-Soleil. Après avoir perdu son père à cinq ans, l'enfant qui se retrouve propulsé sur le trône de France va vivre des premières années difficiles, loin du luxe qu'il connaîtra par la suite.

Le Dauphin, futur Louis XIV, à l'âge de trois ans.

LES ANNÉES TERRIBLES DE LA FRONDE

La faute d'abord à la Fronde, cette guerre civile qui oppose, de 1648 à 1653, les parlementaires et grands princes du royaume à Mazarin et Anne d'Autriche. Les premiers espèrent se réapproprier leurs anciennes prérogatives, confisquées par Richelieu, ministre de Louis XIII et mentor de Mazarin. Les seconds, désireux au contraire de renforcer les pouvoirs de la royauté, sont forcés de quitter Paris dans la nuit du 5 au 6 janvier 1649. Louis XIV, qui a alors onze ans, fuit la capitale avec sa mère, à la lueur des torches et en secret, avant d'être jeté sur les routes de son royaume.

LE TOUR DE FRANCE

Voilà donc le roi qui vit une sorte d'exil dans son propre royaume, dormant là dans le château d'un allié, ici dans une auberge réquisitionnée. Au gré des événements et des révoltes, il se retrouve tantôt en Normandie, tantôt en Aquitaine, tantôt en Bourgogne. Ce voyage est l'occasion de découvrir l'état du royaume qui, à l'époque, n'est pas reluisant : plusieurs provinces sont ravagées par des années de guerre et de surtaxation. C'est aussi le moment de visiter les grandes villes du royaume ou des lieux symboliques, comme l'abbaye de Cîteaux, où fut fondé l'ordre cistercien. C'est, enfin, l'occasion d'arpenter les premiers champs de batailles, comme, en 1650, celui du siège de Bellegarde, en Bourgogne. Là, assiégeants et défenseurs rebelles crient à l'unisson : « Vive le roi ! », lorsque Louis XIV apparaît devant les troupes royales. Il faut dire que le roi est alors immensément populaire. Enfant, il est absout des reproches adressés à feu son père et à Richelieu. Mieux encore, il est protégé de la haine féroce qui vise le nouveau ministre principal du royaume : Mazarin. Où qu'il aille, Louis XIV est acclamé, célébré… Tant que ne rôde pas derrière lui le cardinal détesté.

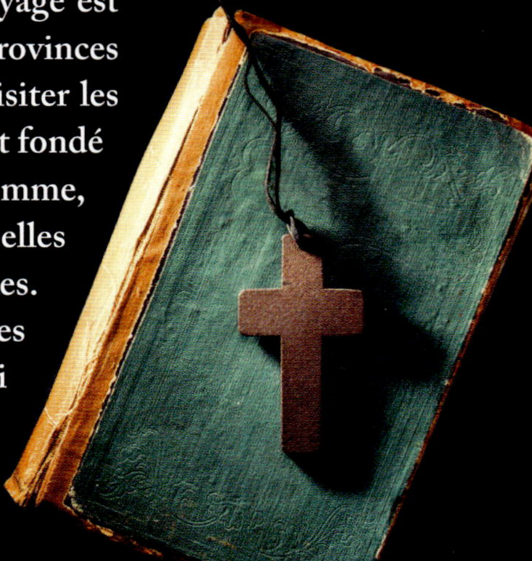

La bataille de Rocroi, au cours de laquelle l'armée française, commandée par le Grand Condé, affronte l'armée espagnole. Elle eut lieu le 19 mai 1643 dans les Ardennes et se solda par la victoire de la France.

Anne d'Autriche régente en habit de veuve.

L'ombre de Mazarin

Mazarin, né dans la très petite noblesse des Abruzzes en Italie, s'est fait un nom en travaillant au service du pape, avant de rencontrer Richelieu en 1631. Les deux hommes partagent la même intelligence, la même vision de l'État. Avant de s'éteindre, Richelieu fait de « l'Italien » son successeur auprès de Louis XIII, qui à son tour désigne Mazarin parrain de son fils, le futur Louis XIV.

Malgré, ou plutôt à cause de son talent, le nouveau ministre principal réussit en quelques années à réunir contre lui l'intégralité du royaume. Les nobles espèrent reprendre la conduite de l'État. Les bourgeois veulent accroître les pouvoirs des parlements. Le peuple, lui, est écrasé par les impôts et fatigué par la guerre de Trente Ans.

Trop occupé à protéger la puissance royale contre les intrigants et les rebelles, à faire l'éducation politique de la régente Anne d'Autriche et à accumuler la plus grande fortune d'Europe, le cardinal n'a alors guère de temps à accorder à son filleul Louis XIV, tant que ce dernier est enfant. Le prince, qui par la suite éprouvera une réelle affection pour son parrain, ne voit alors en lui qu'une figure autoritaire et distante, qu'il surnomme « le Grand Turc ».

Louis XIV enfant, en août 1644.

Le Premier valet de La Porte

Un autre homme prend Louis sous son aile : son Premier valet de chambre, Pierre de La Porte. La tradition veut que, après son septième anniversaire, un enfant quitte la compagnie des femmes pour celle des hommes. Le Premier valet de chambre assume alors un rôle comparable à celui de la nourrice, en parallèle du travail du gouverneur, spécifiquement attaché à l'éducation du roi. De La Porte, volontiers intrigant, lettré, a laissé des mémoires dans lesquelles il raconte sa vie auprès d'un monarque à peine adolescent.
S'il serait exagéré de parler de dénuement, l'image que laissent ces mémoires est celle d'un petit roi négligé par son entourage. Les draps du roi ? Ils sont « si usés que je l'ai trouvé plusieurs fois les jambes passées à travers », écrit de La Porte. La lecture sur les rois de France qu'il fait à Louis afin de lui apprendre comment devenir un bon souverain ? Elle déclenche l'ire de Mazarin, au prétexte que le valet de chambre agit comme un gouverneur. Le carrosse mis à la disposition du petit souverain ? Il est lui aussi tant usé « que l'on se moquerait [du roi] » si on l'apercevait à son bord. Les bons livres ? Ils sont « aussi suspects dans son cabinet que les gens de bien ».

LE ROI SE FAIT VOLER SON ARGENT DE POCHE !

Pire encore, le Premier valet va jusqu'à accuser le cardinal Mazarin de soutirer de l'argent au roi. S'étonnant de voir son maître sans le sou, Pierre de La Porte lui demande où est passé son argent. Louis refuse d'abord de s'expliquer, avant d'avouer, honteux, que le cardinal le lui a pris. Un peu plus tard, voulant récompenser des soldats blessés, Louis est obligé de demander de l'argent autour de lui, n'ayant pas lui-même « un seul douzain à leur donner ». Si tant est que l'anecdote soit exacte : exilé de la cour sur ordre de Mazarin, le Premier valet a un compte à régler avec « Son Éminence », qu'il accuse dans ses mémoires de tous les maux de la terre. Quoi qu'il en soit, en couchant sa vie sur le papier, Pierre de La Porte a contribué à répandre l'idée, reprise ensuite par Saint-Simon, que le cardinal n'avait que faire de son filleul, qu'il espérait transformer en un pantin malléable. Évidemment, à l'inverse, le serviteur se donne constamment le beau rôle : il affirme enseigner au roi la retenue et la discipline, lui apprendre à se méfier des courtisans, flatteurs autant que vénaux, et dit s'opposer aux premiers caprices de son maître.

La vérité se situe sûrement entre les deux, et si Mazarin ne s'intéresse que peu à son filleul tant que celui-ci est enfant, cela changera par la suite et le cardinal saura enseigner à Louis son futur métier de roi.

Un roi chahuteur… comme tous les enfants de son âge

Le Premier valet de La Porte s'est plaint des caprices du roi, et il n'avait peut-être pas si tort que ça, car des caprices, il y en a eu apparemment ! Jugez plutôt : un jour, à Corbeil, Louis demande à ce que son frère, que l'on appelle Monsieur, dorme avec lui. Le matin, « sans y penser », le roi crache sur le lit de Monsieur. S'ensuit un échange de crachats, à la fin duquel « Monsieur sauta sur le lit du roi, et pissa dessus ». Louis ne fait pas mieux, et urine à son tour sur le lit de Philippe. Puis, quand l'un et l'autre n'ont « plus de quoi cracher, ni pisser », ils se battent à coups de draps et de poings, devant un de La Porte atterré, qui n'a d'autre solution que d'aller chercher de l'aide afin de séparer les deux garnements.

C'est peut-être ce qui résume le mieux l'enfance du Roi-Soleil : loin de vivre dans une bulle dorée, à l'écart du monde, il est un petit garçon comme tant d'autres qui, confronté à des épreuves difficiles, fait face avec sérieux autant qu'avec insouciance.

Le cardinal et homme d'État Jules Mazarin.

L'éducation d'un roi

Louis XIV enfant, âgé de dix ans environ. Il porte un costume de ballet à l'antique.

Si la charge de roi se transmet par le sang, son exercice nécessite un apprentissage. Celui de Louis XIV débute pendant son enfance : auprès de ses gouvernantes successives, Madame de Lansac puis la marquise de Senecey. Avec elles déjà, le roi apprend à lire et à écrire, est initié aux règles de la cour et sermonné sur ses futurs devoirs. La fonction de gouvernante s'efface cependant face à celle du gouverneur qui prend le relais à partir du septième anniversaire du roi. Selon le droit canonique, c'est à cet âge qu'un enfant entre dans « l'âge de la raison », et est par conséquent capable de faire la distinction entre le bien et le mal. C'est donc à ce moment clef que débute la véritable éducation du roi.

On se presse pour être gouverneur

Le marquis de Feuquières, que Louis XIII avait nommé à ce poste, meurt malheureusement en 1640. Les candidats se multiplient donc pour avoir l'auguste honneur de faire la leçon au roi. En 1644, ils sont au moins huit à espérer décrocher le poste ! Deux ans plus tard, Anne d'Autriche tranche : le gouverneur sera le peu remarquable marquis de Villeroy. L'action de ce dernier sera chapeautée par « l'homme le plus habile d'Europe » : le cardinal Mazarin, nommé « surintendant au gouvernement et à la conduite du roi ».

LE ROI, CET INCULTE ?

Les mémorialistes opposés au roi n'ont eu de cesse de le faire passer pour un idiot mal éduqué. La faute au cardinal qui, selon eux, « eut pris à tâche de laisser son esprit sans culture ». La réalité est que Mazarin n'a jamais encouragé les précepteurs à noyer Louis sous les ouvrages. Et que, de son côté, le roi aurait été bien en peine de devenir un expert en chaque matière à laquelle il est confronté. Mais le premier à regretter les lacunes de l'éducation de Louis XIV, c'est Louis XIV lui-même ! Doté d'une curiosité insatiable et légèrement complexé par son manque de culture livresque, il n'aura de cesse d'essayer d'y remédier en se faisant faire la lecture à la moindre occasion.

Les cours d'un gentilhomme

Les deux hommes entourent Louis d'une armée de professeurs, censés faire de leur élève l'archétype du monarque gentilhomme. Le général de cette troupe est le précepteur, humaniste et homme d'Église, chargé d'enseigner les lettres et la religion au roi. Louis en aura deux : le dévot Hardouin de Péréfixe puis le brillant La Mothe Le Vayer. En dessous, se trouvent les spécialistes. Des savants, comme le linguiste Antoine Oudin, qui apprend l'italien et l'espagnol au petit roi, ou comme le mathématicien Camus. Il y a des artistes : Henri Prévost, qui fait du roi l'un des meilleurs danseurs de son temps, ou Fleurent Indret, qui lui enseigne l'art du luth. Il y a évidemment aussi les hommes d'action : le sieur de Bretonville, épéiste, ou Vincent Saint-Ange, expert en armes à feu. Plus surprenant, Louis XIV a même un professeur en jeu de paume, un dénommé Jean Dauchint !

La tâche de tout ce beau monde n'est pas toujours facile : Louis, comme tout adolescent, a ses préférences. S'il est plein d'enthousiasme lorsqu'il s'agit de monter à cheval, de danser ou de manier l'épée, il traîne les pieds dès qu'il est question de mathématiques. Villeroy, que Louis aime faire tourner en bourrique, et Hardouin s'en plaignent régulièrement. Le roi est dissipé. Le roi n'écoute pas…

Louis XIV prit très jeune des cours de danse. On le voit ici jouant de la mandoline lors d'une représentation du *Ballet de la Nuit*.

Scène d'un jeu de paume à Paris au XVIIe siècle.

La pratique supplante la théorie

Le cardinal ne s'en effraie pas. À partir de 1650, il invite régulièrement Louis aux séances du Conseil. Dans l'esprit du ministre, la pratique supplante la théorie, et rien ne vaut donc cette initiation à la gestion du royaume. D'autant que là, il l'assure, Louis se montre curieux, apprend, écoute. « Il me fait cent questions sur la chose dont il s'agit », explique Mazarin.

C'est lors de ces réunions que naît entre le cardinal et le roi une réelle affection. Et c'est vraisemblablement Mazarin qui, infatigable collectionneur, fait naître chez son maître une autre facette remarquable de sa personnalité : son amour de l'art.

Anne d'Autriche, cette mère poule

Louis XIII meurt en 1643 sans que ses rapports avec Anne d'Autriche se soient améliorés. Il s'assure donc qu'elle n'ait aucun pouvoir réel après sa disparition, en diluant son rôle de régente au sein d'un conseil réunissant plusieurs personnes. Anne, que tout le monde prend pour une épouse effacée, n'attend pourtant pas cinq jours pour faire casser le testament de feu son époux par le Parlement de Paris. La reine mère n'entend pas laisser le destin de son fils entre d'autres mains que les siennes.

La régente Anne d'Autriche avec ses deux enfants Louis XIV et Philippe, duc d'Anjou.

Anne se retrousse les manches et s'initie au jeu du pouvoir…

En assumant seule le rôle de régente, Anne d'Autriche va faire de son mieux pour protéger l'héritage de Louis XIV. Consciente de son inexpérience, elle se rapproche de Mazarin, qui va rapidement devenir son mentor – et, selon une rumeur invérifiée et invérifiable, son amant. C'est aux côtés du cardinal que la reine affronte la Fronde. Face aux rebelles qui, en voulant faire disparaître « le faquin écarlate », prétendent agir dans l'intérêt du roi, elle navigue habilement, réussissant à maintenir l'enfant hors de leur portée. Le 5 septembre 1651, elle confie officiellement le pouvoir à son fils, devenu majeur (il fête ses treize ans), mais continue en réalité d'exercer le pouvoir, aux côtés de Mazarin. Quand, en 1653, la Fronde est définitivement mise à genoux, Anne d'Autriche s'est imposée comme un personnage de premier plan : contre ce que la cour attendait, elle a saisi les rênes du pouvoir et a bataillé bec et ongles pour sauvegarder le pouvoir du roi.

Les deux principaux chefs de la Fronde, François de Bourbon, duc de Beaufort et Paul de Gondi (futur cardinal de Retz), rendent leurs hommages au jeune roi Louis XIV et à sa mère la régente Anne d'Autriche, le jour de leur retour à Paris. À droite du roi sur la gravure, on reconnaît son oncle Gaston d'Orléans, puis son frère Philippe et le maréchal de Villeroi.

… sans jamais oublier de tenir son rôle de mère

Malgré ce rôle brillamment joué, malgré la guerre civile, Anne n'en oublie pas d'être une mère. Ayant vécu une enfance relativement heureuse en Espagne, elle fait tout pour que Louis et son petit frère ne souffrent pas trop de la Fronde. Dans ses mémoires, le Premier valet Pierre de La Porte, pourtant prompt à plaindre le jeune Louis XIV, accuse la reine mère de trop gâter son rejeton. Mais Anne n'hésite pas non plus à frotter les oreilles du roi dès qu'il se montre trop turbulent, allant jusqu'à le menacer d'une rossée.

Louis ne semble pas vraiment s'en offusquer : il adore sa mère. Toujours fourré dans les jambes de sa génitrice, il appelle Anne « Maman », nonobstant l'étiquette qui préférerait un « Madame ». Cette symbiose ne disparaît pas avec l'âge. Adulte, le souverain ne comprend que mieux à quel point il est redevable à sa mère. Anne, d'ailleurs, continue de siéger au conseil du roi jusqu'en 1661, se retirant sans histoires après le décès de son ami et allié, le cardinal.

Anne d'Autriche entourée de Louis XIV (à gauche) et de Philippe, frère du roi (à droite).

Pourquoi Anne, infante d'Espagne, s'appelle-t-elle Anne d'Autriche ?

Pour quelle raison la mère de Louis XIV, fille du roi d'Espagne, est-elle aussi archiduchesse d'Autriche ? Parce qu'elle appartient à la maison de Habsbourg, qui régna pendant plusieurs siècles sur le Saint Empire romain germanique, l'Autriche, la Bohême, la Hongrie et l'Espagne, sur ce dernier pays de 1515 à 1700. Infante d'Espagne, Anne d'Autriche porte donc également le titre princier d'archiduchesse réservé aux membres de la maison de Habsbourg.

Des désaccords qui n'entachent pas la dévotion du roi pour sa mère

L'amour réciproque de la mère et de son fils n'empêche cependant pas les crises, comme celle qui éclate en 1658, quand Louis se met en tête d'épouser Marie Mancini. Ou quelques années plus tard, lorsque les coucheries extraconjugales du roi apparaissent au grand jour. Anne n'a de cesse de tenter de remettre son fils dans le droit chemin. Parce qu'elle éprouve de la peine pour sa belle-fille Marie-Thérèse, mais aussi surtout parce qu'elle n'a jamais renié sa foi, qui voit dans l'adultère un péché. De moins en moins écoutée, de plus en plus pieuse, elle passe la fin de sa vie à essayer de faire interdire les pièces de Molière, au grand dam de son fils, qui a pris l'auteur et comédien sous son aile. Ces querelles ne ternissent pas les relations familiales, et quand Anne s'éteint le 20 janvier 1666, le roi est terrassé par le chagrin. La légende veut que, à un conseiller venu lui dire qu'Anne était une grande reine, Louis aurait rétorqué : « Non monsieur, plus qu'une grande reine, elle fut un grand roi »…

Le sacre à Reims

Sacre de Louis XIV d
cathédrale de Reims, le 7 juin
Le cardinal Mazarin est repré
à droite, regardant le spec
À la gauche du roi, Philipp
d'Orléans, dit Mon

Mercredi 3 juin 1654. Reims s'agite. Trois cents bourgeois de la cité se dirigent vers le mont Saint-Pierre, où ils doivent accueillir le roi. Accompagné de sa maison, de sa famille et de son gouvernement, Louis XIV vient, comme la quasi-totalité de ses prédécesseurs depuis Louis le Pieux, se faire sacrer dans la cathédrale de Reims.

Reims multiplie les dépenses

C'est que, en France comme ailleurs, la monarchie est divine. S'il est possible d'être roi sans passer par la cathédrale Notre-Dame de Reims (Henri IV a été oint à Chartres), cette cérémonie fait du souverain un personnage sacré, l'intermédiaire de Dieu sur terre. Plus pragmatiquement, moins de deux ans après la fin de la Fronde, elle permet à la fois d'asseoir l'autorité de la Couronne et de clôturer définitivement les troubles civils. Louis est escorté jusqu'au cœur de la ville par les autorités de Reims. Ces dernières n'ont pas lésiné sur les dépenses pour faire au roi un accueil mémorable : si l'État est censé prendre en charge le coût du sacre, la cité a emprunté près de 22 000 livres (l'équivalent de 400 000 €) pour l'occasion. Les routes ont été repavées, les ponts rénovés, les rues nettoyées, les murs décorés... Des appartements ont été libérés pour accueillir les princes et dignitaires invités. Tout doit être parfait, jusqu'aux 2 000 arquebusiers qui forment une haie d'honneur à l'entrée de la cité. Après avoir reçu les clefs de la ville comme le veut la tradition, Louis est conduit à ses appartements, au palais archiépiscopal. Pendant trois jours, il participe aux processions religieuses organisées en son honneur. Il s'entretient longuement avec l'évêque de Soissons, Mgr Simon Legras, qui va présider la cérémonie, afin d'en régler les derniers détails.

Sous les regards de Clovis et Charlemagne

Dimanche matin, le roi est levé à 2 h du matin. Il a expressément demandé à ce que le sacre soit achevé avant midi, afin de ne pas retarder le repas qui suit. Après avoir fait ses ablutions, il choisit sa perruque, avant que ses valets l'aident à enfiler son costume. Un peu après 5 h, accompagné de ses gardes et de ses proches, il quitte le palais pour la cathédrale, où l'accueille Mgr Legras. Dans une cathédral bondée, il s'agenouille sur un prie-Dieu devant l'autel, tandis que l'évêque, à l'aide d'une aiguille d'or, prélève une fraction du contenu de la sainte ampoule, qui aurait servi à baptiser Clovis, et le mélange au saint chrême. Louis est ensuite oint, sur la tête, les épaules et les bras, avant d'être coiffé de la couronne de Charlemagne. Les ombres de deux rois légendaires pèsent ce jour sur les épaules d'un adolescent de quinze ans, qui s'engage solennellement à respecter les droits du royaume et à accomplir ses devoirs.

Louis XIV enfant en costume de sacre.

Les pairs du royaume s'inclinent

Louis se lève alors et rejoint un trône sur le jubé, où les pairs, les plus grands noms du royaume, viennent lui rendre hommage, les uns après les autres. Les portes de la cathédrale sont ensuite ouvertes, tandis que résonnent les « Viva Rex ». Le peuple, qui se presse autour de l'édifice, hurle, crie, couvrant le son des coups de canons. Selon un protocole qui remonte aux triomphes romains, des oiseaux sont lâchés dans le ciel de Reims et des pièces sont jetées à la foule. Vient alors le temps du Te Deum de rigueur, qui précède une messe en bonne et due forme. Enfin, l'assemblée se rend dans la salle du Tau du palais épiscopal pour partager un repas plein de faste. Le premier d'un roi en état de grâce.

Le toucher du roi

Un sacre, pour être complet, doit comporter une toute dernière étape : le toucher du roi. Lundi matin, Louis se rend à la basilique de Saint-Remi où, assumant pleinement le rôle d'intermédiaire direct de Dieu, il soigne les victimes des écrouelles, une maladie tuberculeuse. Des dizaines de fois au cours de la journée, il répète : « Le Roi te touche, Dieu te guérit » après avoir touché un malade, puis fait le signe de la croix. En ce domaine aussi, ce passage à Reims sera le début d'une longue carrière : de ce jour jusqu'à sa mort, Louis XIV aurait ainsi touché plus de 200 000 malades...

Marie Mancini, le premier amour

En juillet 1658, alors que Louis XIV semble condamné par la fièvre typhoïde qui l'a atteint quelques jours plus tôt, une seule personne, une jeune fille, reste à son chevet, pleurant à chaudes larmes et priant pour le rétablissement du roi. Elle a dix-neuf ans, s'appelle Marie Mancini et sera le premier véritable amour de Louis. Fille de Lorenzo Mancini et de Geronima Mazarini, Marie est l'une des nombreuses nièces du cardinal Mazarin, arrivées en France dans les années 1650.

Une jeune fille intelligente et rebelle

Affublée comme ses sœurs et cousines du sobriquet de « Mazarinette », Marie est le vilain petit canard de sa famille : brune et maigrichonne à une époque où l'on préfère les blondes bien en chaire, elle a en plus un caractère rebelle et un esprit affûté, qu'elle cultive en dévorant les classiques de la littérature, de Rabelais à Cervantès. Tant et si bien que sa mère tente plusieurs fois de la faire enfermer au couvent.

À Paris, elle croise souvent Louis XIV. Malgré son physique commun, elle séduit le roi par son intelligence et par sa culture étonnante. Les deux jeunes adultes échangent régulièrement des lettres et parlent de littérature, d'art… et d'amours chevaleresques. Mazarin laisse faire, espérant que le roi, déjà chaud lapin, se lasse de la chasteté affichée de Marie.

Louis veut en faire sa reine

Le cardinal déchante vite après l'épisode de la fièvre typhoïde : Louis a été témoin des larmes de Marie, de son affection sincère. Il tombe éperdument amoureux de la jeune Italienne, allant jusqu'à envisager d'en faire sa reine. L'option n'est, pour Mazarin et Anne d'Autriche, même pas envisageable. Eux entendent marier le roi à une grande princesse, si possible l'infante espagnole. Louis reste pour l'instant docile, et fin 1658, rencontre à Lyon Marguerite, héritière du trône de Savoie, qu'il est censé épouser. Mais sur place, toute la cour remarque que, s'il se montre courtois avec Marguerite, il passe son temps avec Marie. Celle-ci n'a de cesse de plaider sa cause au roi, de l'influencer.

Bientôt, l'alliance savoyarde est annulée, au profit du mariage espagnol tant espéré. Mais Louis l'annonce : il n'a que faire de l'infante. Sa reine sera Marie Mancini. Débutent alors plusieurs mois compliqués, au cours desquels Mazarin et Anne déploient des trésors d'ingéniosité pour mettre fin à cette idylle d'adolescents qui menace l'avenir du royaume.

Le roi s'incline devant la raison d'État

Fin juin 1659, le roi semble se faire une raison, alors qu'il s'apprête à partir vers l'Espagne pour y rencontrer Marie-Thérèse. Marie part en exil et prononce, au cours d'adieux que l'on imagine larmoyants, le fameux : « Sire, vous êtes maître, et vous pleurez ! » Mais le maître joue un double jeu : sous le couvert d'obéir, il continue d'échanger des lettres avec Marie et lui rend visite en juillet à Saint-Jean d'Angély.
Mazarin, qui règle les derniers détails du mariage espagnol, craint de voir la paix avec l'Espagne, qu'il a patiemment édifiée, s'écrouler. Il envoie une longue lettre à Louis, l'adjurant d'entendre raison. A-t-il trouvé les bons mots ? Toujours est-il que Louis ne reverra plus Marie, et cessera bientôt de lui écrire. Celle-ci épouse en 1661 Lorenzo Colonna, dirigeant d'une puissante famille romaine, qui s'étonne de constater que son épouse, passée entre les mains d'un roi, est toujours vierge. La Mazarinette qui pensait être reine mourra quelques mois avant Louis, le 8 mai 1715, après avoir tenté à plusieurs reprises, et sans succès, de revoir son premier amour : celui qui est devenu entre temps le Roi-Soleil ne répondra jamais à ses missives et suppliques.

Le cardinal Mazarin.

Les autres Mazarinettes du roi

Les nièces de Mazarin.

Marie n'est pas la première nièce de Mazarin qui va attirer l'attention de Louis XIV. Le roi de France s'était déjà entiché, auparavant, d'Hortense, la plus belle des sœurs de Marie, et surtout d'Olympe et de ses « yeux pleins de feu », avec qui il adore danser. Le cardinal va s'empresser de marier l'une et l'autre à de bons partis, afin de les éloigner du roi. Mais, à l'inverse de Marie, Olympe reste à la cour de France, où elle trempe dans la sordide affaire des Poisons...

La France à l'aube du Grand Siècle

L'époque qui voit Louis XIV arriver sur le devant de la scène est une période troublée. La fin de la meurtrière guerre de Trente Ans (1618-1648) donne lieu à une redistribution des cartes. Des puissances disparaissent tandis que d'autres, insoupçonnées, émergent. Dans ce contexte, la France, longtemps frustrée par ces Habsbourg qui règnent sur un immense empire allant des Amériques à l'Autriche, bouillonne et réclame la place qui lui est due. Bientôt, le pays va pouvoir triompher de sa grande rivale, l'Espagne.

Les rapports de force s'inversent

19 mai 1643. À Rocroi, dans les Flandres, l'armée espagnole de Francisco de Melo est écrasée par les soldats du Grand Condé. Symbolique avant tout, cette victoire française signe la fin de la suprématie militaire espagnole. Ayant profité de l'or des Amériques et de la richesse des Flandres pour devenir la grande puissance européenne, l'Espagne est, en ce XVIIe siècle, minée par la corruption et par une économie à la traîne. Qui plus est, Habsbourg d'Espagne et d'Autriche se sont éloignés. Les premiers, tournés vers leurs colonies d'Amérique, n'ont plus grand-chose en commun avec les seconds, occupés à maintenir un semblant d'unité dans ce Saint Empire au bord de l'implosion.

La France, relativement épargnée par la guerre de Trente Ans, a su tirer son épingle du jeu, en grande partie grâce à Richelieu. Le principal ministre a bataillé toute sa vie pour isoler les Habsbourg, quitte à créer des alliances qui choquent : en plus des traditionnels alliés ottomans, le cardinal n'hésite pas à rapprocher la France des puissances protestantes, comme les jeunes Provinces-Unies (le Nord calviniste des Pays-Bas, indépendant depuis 1648) ou une Angleterre qui cherche à s'affirmer.

Le prince de Condé à la bataille de Lens pendant la guerre de Trente Ans. Ce 20 août 1648, les Français sortent victorieux du combat qui les opposait aux Espagnols.

Les dividendes de la paix religieuse

La France elle-même connaît une période de stabilité inédite. L'édit de Nantes, signé en 1598, a mis fin à des décennies de guerre civile. Ce moment de paix interne profite au royaume : les esprits pacifiés se tournent plus volontiers vers l'art et la pensée. Le mouvement culturel qui va bientôt prendre son essor grâce au mécénat du Roi-Soleil est déjà là, bourgeonnant. Les protestants, majoritairement des nobles ou des bourgeois, participent à l'essor du pays. Ils créent les premières manufactures, fournissent hommes d'esprit et hommes d'épée à la Couronne.

Les seuls exclus de ce tableau presque idyllique sont les paysans français, qui forment l'écrasante majorité de la population. Victimes sous les ministériats de Richelieu et de Mazarin d'impôts écrasants, ils se soulèvent ponctuellement contre le pouvoir central. Mais ces troubles, rapidement réprimés ou excusés, ne menacent pas le pouvoir.

L'édit de Nantes fut proclamé le 13 avril 1598 mais ne fut enregistré au Parlement de Paris que dix mois plus tard, le 15 février 1599, à cause de la forte opposition du clergé catholique et des parlements.

L'édit de Nantes

Promulgué par Henri IV en 1598, l'édit de Nantes met temporairement fin au conflit armé qui oppose depuis cinquante ans catholiques et huguenots français. Il permet aux protestants de vivre leur foi légalement… sous certaines conditions et dans certains lieux uniquement. S'il ne convient ni aux catholiques – qui sont effrayés par les concessions faites à l'Église réformée – ni aux protestants – qui demandent une réelle liberté de conscience –, les deux partis, épuisés l'un comme l'autre par leur rivalité, s'en accommodent.

Un poids démographique écrasant

Lorsqu'il arrive sur le trône, Louis XIV bénéficie donc des efforts déployés par ses prédécesseurs. Il sait également qu'il a dans son jeu un atout incroyable : le poids démographique de la France. Le pays comporte alors près de 20 millions d'habitants. C'est plus du quart de la population européenne. À titre de comparaison, il y a 5 millions d'Anglais, 7 millions d'Espagnols et 10 millions d'Austro-hongrois. Cet avantage offre au maître de la France des armées plus nombreuses, et des coffres mieux remplis.

Si la volonté du roi, obsédé par la gloire et par son rôle de souverain, sera essentielle à l'hégémonie prochaine de la France, les instruments dont il va avoir besoin sont là, légués par les grands hommes d'État qui lui ont transmis les rênes d'un pays fort et sûr de lui.

Un mariage de famille

Si le premier vrai coup de cœur de Louis XIV est pour Marie Mancini, la femme de sa vie, du moins celle qu'il épouse, est la jeune infante d'Espagne, archiduchesse d'Autriche, Marie-Thérèse. Elle est sa cousine, doublement germaine, également née en septembre 1638, le 10, cinq jours après Louis. La jeune mariée est la fille de Philippe IV, roi d'Espagne, marié à la princesse Élisabeth de France, tante de Louis XIV car sœur cadette de Louis XIII. Ce dernier avait épousé Anne d'Autriche, infante d'Espagne et sœur de Philippe IV. Le frère et la sœur se marient donc avec la sœur et le frère et le mariage est, pour Louis, une affaire de famille.

Ce mariage est l'achèvement du traité des Pyrénées

Louis doit épouser sa cousine à Saint-Jean-de-Luz. Arrivant dans la ville le 8 mai 1660, le roi s'installe dans une grande maison sur la place principale. Le protocole du Louvre est appliqué sans faille. Tandis que la fiancée se fait attendre, des festivités ininterrompues occupent et la ville et la cour. Quand Marie-Thérèse et sa suite finissent par arriver un mois plus tard, la délégation espagnole s'installe dans une autre grande maison, en face de celle du roi. Les fiancés se rencontrent alors dans l'île des Faisans, sur la rivière Bidassoa. Ils se fréquentent ensuite pendant trois jours avant l'union religieuse qui se déroule dans l'église Saint-Jean-Baptiste au riche retable doré et en plein chantier, le 9 juin 1660. Ce mariage scelle la paix entre les deux pays.

Entrevue de Louis XIV e
Philippe IV, roi d'Espag
les 6 et 7 juin 1660 pou
ratification de la paix e
mariage avec Marie-Thér
d'Autriche, infante d'Espag

Marie-Thérèse passe pour une sotte

Partie pour Paris, fougueusement honorée par le roi devant témoins, Marie-Thérèse a du mal à s'intégrer à la cour. Elle ne parle pas un mot de français, met du temps à le pratiquer, s'y révèle peu apte mais finit par en posséder les arcanes, même si elle se montre peu spirituelle. Sa belle-mère, la reine mère Anne d'Autriche, qui est aussi sa tante, la juge trop vite sotte et seulement apte à faire des enfants. Elle en donnera six à Louis. Un seul survivra, qui deviendra le Grand Dauphin. Les cinq autres mourront en bas âge, la consanguinité n'étant pas étrangère à leur disparition. Louis, qui légitime ses bâtards, cesse rapidement de s'intéresser à son épouse et court le guilledou. La malheureuse souveraine se voit ainsi contrainte, et cela dure pendant plus de vingt ans, de supporter les maîtresses que son mari prend soin de choisir dans la cohorte de ses demoiselles d'honneur.

La reine Marie-Thérèse d'Autriche accompagnée de son premier fils le Grand Dauphin.

Gravure du XVIIe siècle représentant un cavalier et une dame buvant du chocolat. Connu en France depuis déjà quelques années, le chocolat ne fut vraiment apprécié qu'après le mariage de Louis XIV et de Marie-Thérèse d'Autriche.

Elle ne sait faire face au défilé des favorites

Le roi va même jusqu'à installer ses maîtresses successives dans son carrosse lorsqu'il part en campagne pour la guerre. Les favorites, tour à tour, se montrent insolentes envers Marie-Thérèse et lui tiennent la dragée haute. Ulcérée et humiliée, la reine de France, qui n'est pas très grande, vit entourée de ses nains et de ses moines, venus d'Espagne avec elle et qui ne la quittent pas. Elle se réfugie dans la bondieuserie et le silence, passant son temps à multiplier les prières, à boire du chocolat chaud qu'elle adore, à presser des oranges qu'elle introduit en France et à s'occuper des malades et des pauvres. Elle constitue des dots à des filles de familles nobles ruinées et vaque aux toilettes des nécessiteux de l'hôpital de Saint-Germain-en-Laye. Marie-Thérèse ne connaît que quelques moments de bonheur conjugal à la fin de sa vie, lorsque le roi lui revient, remis pour un temps dans le droit chemin par Madame de Maintenon qui, maîtresse de ses vieux jours, en bonne chrétienne, se préoccupe du salut de Louis. Apaisée, rasséréné, Marie-Thérèse retrouve un époux aux petits soins qui l'entoure de prévenances mais qui, lorsqu'elle décède, le 30 juillet 1683, d'un abcès qui tourne en septicémie, n'essuie qu'une seule larme en laissant échapper dans un soupir : « C'est la seule fois que la reine m'a fait de la peine. »

Le roi commande lui-même son État

Nuit du 9 mars 1661. Allongé dans son lit, les jambes rongées par des ulcères purulents, le souffle haletant, le cardinal Mazarin fait ses adieux à ses proches. À ses serviteurs et ministres fidèles, il adresse quelques remerciements. Avec Anne d'Autriche, son amie, il échange quelques mots d'affection. À son filleul et roi, il prodigue ses derniers conseils. Puis il s'éteint à deux heures du matin.

Le roi gouverne par lui-même, peinture de Charles Le Brun sur le plafond de la galerie des Glaces à Versailles.

QUEL SUCCESSEUR POUR MAZARIN ?

Au Louvre, la cour bruisse de rumeurs. Qui va remplacer l'omniprésent et omnipotent ministre, à qui l'on faisait des courbettes tout en maudissant son nom ? Depuis plusieurs mois, son état de santé préoccupant laissait espérer une succession proche. Chaque homme doté à mesure égale de vanité et d'éducation espère prendre les rênes du royaume. L'existence d'un Principal Ministre s'est imposée dans les esprits et nul n'imagine que le fonctionnement du royaume va changer avec le décès de Mazarin. On s'imagine que, tout occupé à ses plaisirs, le monarque coureur de jupons, passionné par la danse et par les fêtes, ne s'intéresse guère aux affaires de l'État.

LE ROI ENTRE EN SCÈNE

C'est oublier que Mazarin a fait en sorte que Louis XIV participe, depuis onze ans déjà, à l'administration du royaume. C'est surtout mésestimer le caractère du roi de France, imprégné depuis l'enfance par son futur rôle. Le 10 mars au matin, il convoque dans la chambre de la régente, où se tiennent parfois les conseils, tout ce qu'il a pu trouver de grands noms présents à la cour : princes, ducs, ministres… Tous s'attendent à ce que le souverain les maintienne à leur poste, et nomme un membre de cette glorieuse troupe comme successeur à Mazarin. Tous tombent de haut quand le roi leur annonce qu'il « a pris la résolution de commander lui-même son État sans s'en reposer que sur ses propres soins » et congédie l'assemblée sans autre forme de procès, promettant de faire appel à ses membres quand « il aurait besoin de leurs bons avis ». Ce qui résonne, pour bon nombre de personnages présents, comme un « jamais » cinglant.

En quelques mois, Louis réorganise le sommet de l'État, fait disparaître certaines charges, en crée d'autres, réorganise les conseils. Il déménage la cour à Fontainebleau. Le roi commence un règne personnel qui durera cinquante-quatre ans !

Gravure illustrant le livre *Elogia Iulii Mazarini Cardinalis* publié en 1666 (*Éloges du cardinal Jules Mazarin*). La Poésie écrit les premiers mots du titre dans un volume posé sur le dos du Temps agenouillé, sa faux brisée. Au-dessus, la Renommée fait retentir sa trompette où flotte une bannière ornée de l'inscription « Famam qui terminat astris » (celui dont seuls les astres bornent la gloire).

LOUIS ET MAZARIN

Il est difficile de comprendre les relations qui ont lié Mazarin et Louis XIV. La légende noire, tenace, a fait du cardinal l'exemple même du courtisan vénal et assoiffé de pouvoir, véritable Méphistophélès qui encourage les plus bas instincts de son filleul afin de mieux le contrôler. Cette image a pourtant été largement réévaluée. Le parrain du roi est aujourd'hui considéré plus volontiers comme un grand serviteur du royaume, qui a tenu fermement le gouvernail de la France pendant une régence troublée. Doté d'une vision de l'État, il a su sauvegarder le pouvoir royal pour le remettre à un Louis XIV qu'il appréciait sincèrement. Le roi lui-même ne reniera jamais celui qui a été son mentor. N'ignorant rien des malversations du ministre – qui a accumulé avant son trépas la plus grande fortune d'Europe –, parfois critique de son action politique, jamais le souverain ne professera d'autres sentiments que le respect et l'affection à l'encontre de feu son parrain.

IL CRAIGNAIT ET SOUHAITAIT CE MOMENT

Comment expliquer cette position inattendue ? Une légende, tenace autant qu'invérifiable, veut que Mazarin ait conseillé au roi de se passer de Premier ministre avant de mourir. Il est plus probable que Louis XIV ait anticipé cette prise de pouvoir, et qu'il l'ait même attendue depuis un certain temps.

Bien qu'il soit toujours resté fidèle à son ministre et parrain, le jeune roi porte un regard sévère sur son action. En témoignent ces quelques lignes dans ses *Mémoires pour l'instruction du Dauphin*, qui décrivent la situation à la mort du cardinal : « Je commençais à jeter les yeux sur les diverses parties de l'État… Le désordre régnait partout. » Louis, soucieux de la situation de l'État, n'a-t-il tout simplement pas décidé d'agir lui-même, se sentant autant capable de gérer la France que ne le fut son parrain ?

Les grands commis et la modernisation de l'État

Avant de s'éteindre, Mazarin ne manque pas de recommander ses ministres à son filleul : l'excellent diplomate Hugues de Lionne, l'organisateur Michel Le Tellier et le génie des finances Nicolas Fouquet. Il ajoute à ce trio son propre intendant personnel : l'excellent Jean-Baptiste Colbert. Le roi va accorder – un temps – sa confiance à ces hommes, issus de la petite noblesse ou de la bourgeoisie. En cela, il ne commet pas d'erreur : Colbert, Le Tellier et de Lionne seront les premiers outils de la gloire du Roi-Soleil. Ce sont eux qui vont accélérer le processus, entamé un siècle plus tôt, qui va faire de la France un État moderne, centralisé et unifié.

Le roi Louis XIV est entouré de son conseil. On voit de gauche à droite : Le Tellier, La Vrillière, chargé des affaires religieuses, Louvois, Colbert de Croissy, Jean-Baptiste Colbert, son fils Seigneulay en retrait et le prince de Condé. À droite du roi sur la gravure on reconnaît Monsieur, frère du roi et Monseigneur le Dauphin.

Nicolas Fouquet, de la gloire...

Un seul des grands ministres de Mazarin ne participera pas à ce développement : Nicolas Fouquet. À la veille de la mort de Mazarin, Fouquet est pourtant l'un des personnages les plus importants de l'État. Mais six mois plus tard, il est arrêté sur ordre du roi, jugé, et condamné à l'emprisonnement à vie.

Comment expliquer cette chute spectaculaire ? Ses malversations sont connues : Fouquet, comme certains de ses collègues, use de son poste pour amasser une fortune immense. Cette corruption, Louis XIV ne la supporte plus, surtout quand elle s'affiche ainsi au grand jour.

Mais surtout, c'est l'influence de Fouquet qui cause sa perte. L'intendant, qui quadrille le pays grâce à son réseau d'espion, s'est créé, par ses largesses ou par la menace, une clientèle innombrable. Mais sans s'en rendre compte, il s'est aussi fait un ennemi redoutable : Colbert qui, inlassablement, amasse les preuves contre son rival.

... à l'emprisonnement

Le couperet tombe quand Louis apprend que Fouquet est en train de faire fortifier ses domaines sur la côte. Pour le roi de France, c'est la preuve que le marquis de Belle-Île, après avoir mis sur pieds un État dans l'État, prévoit un coup militaire. Arrêté et jugé, Nicolas Fouquet échappe à la condamnation à mort que désire Louis XIV. Mais sa peine d'exil est commuée en « détention perpétuelle » à Pignerol : le roi de France craint de le voir se réfugier à l'étranger pour y intriguer de plus belle.

Le mercantilisme à l'œuvre

La chute de Fouquet ouvre la voie à Colbert, qui prend la charge de contrôleur général des Finances, et bientôt celles de secrétaire d'État à la marine et de la Maison du roi, et de surintendant des bâtiments. À l'inverse de son prédécesseur, qui bien souvent ne faisait qu'appliquer des rustines plutôt que de lancer des réformes de fond, Colbert a une vision d'ensemble, basée sur le mercantilisme. Favorable à l'interventionnisme de l'État, il veut accroître par le commerce et la production la richesse de la France. Son idée : réduire les importations au minimum, tout en exportant le plus possible vers le reste de l'Europe des produits de qualité.

Jean-Baptiste Colbert.

Pour cela, pour que la France puisse rivaliser avec l'Angleterre et les Provinces-Unies, il dote le royaume d'une flotte de commerce de premier ordre, et d'une marine moderne. Il travaille à la création de 400 manufactures, dont le fonctionnement est réglementé par l'État et encadré par des experts allemands, italiens ou hollandais. Il multiplie les aménagements du territoire : à commencer par l'amélioration du réseau routier ou l'agrandissement des ports de commerce. L'œuvre la plus impressionnante du règne est le canal du Midi, prouesse technique qui lie la Méditerranée à l'Atlantique.

Et après ?

Il est courant de dire que la seconde moitié du règne de Louis XIV voit disparaître les ministres de talent, ce qui expliquerait les difficultés que connaît le royaume. En réalité, après la mort de Colbert (1683) et de Louvois (1691), le Roi-Soleil reste entouré d'hommes politiques compétents. De Torcy, neveu de Colbert, est un brillant diplomate. Les Pontchartrain père et fils, secrétaires de la Marine, s'acquittent convenablement de leur charge, malgré quelques couacs retentissants. Vauban, qui n'est pas ministre, est un esprit brillant, bouillonnant d'idées et qui, comme Colbert, milite pour une taxation plus équitable.

Mais ces hommes ont de plus en plus de mal à convaincre un roi qui se fait distant avec l'âge. Certains vont mal vivre cette situation : Vauban, déçu par un règne qu'il trouve de plus en plus autoritaire et de moins en moins concerné par le bien public, va prendre ses distances avec le roi dès la fin des années 1690. Louis Phélypeaux de Pontchartrain fera de même quinze ans plus tard.

u pont de Notre-Dame dans la direction du Louvre, à Paris. On transporte à cette époque sur la Seine toutes sortes de produits : pierres de construction, barriques de vin, foin pour les chevaux, etc.

Château et parc de Vaux-le-Vicomte, dont les plans jardins ont été dessinés par Louis Le Vau et André Le qui seront plus tard chargés par Louis XIV de la réal du château de Versailles et de ses

L'unification de la France passe par le droit

Ce grand projet mercantiliste est relégué au second plan dès la fin des années 1670, alors même que la guerre de Hollande met à genoux les finances royales. Pour autant, l'apport de Colbert ne se résume pas à sa tentative de faire de la France une puissance commerciale. Le contrôleur est, aidé par son fils le marquis de Seignelay, la principale force derrière la modernisation de l'administration. C'est lui qui, avec l'accord de Louis XIV, accroît le poids des intendants. Sorte de préfets avant l'heure, ceux-ci sont les représentants du pouvoir royal dans les provinces. Alors que la France est traditionnellement gérée au niveau local par des officiers qui achètent ou héritent de leur charge, et dont la compétence et la probité sont parfois douteuses, l'essor de ces intendants, qui ne dépendent que du roi et de son gouvernement, permet de donner naissance à l'idée d'intérêt de l'État et de service public. Et si ces émissaires ne remplacent pas les officiers déjà présents, leurs prérogatives ne cessent d'augmenter : ils gèrent l'aménagement et l'administration du territoire, la perception des impôts, commandent des études statistiques, assurent le logement des troupes militaires…

En plus de cela, le contrôleur général tente aussi d'unifier juridiquement le territoire : plusieurs ordonnances cherchent à réduire les différences existant entre le droit écrit et le droit coutumier, c'est-à-dire les règles juridiques établies par l'usage et la tradition. Ces mesures centralisatrices font de la France l'archétype du régime dit absolutiste : un État où, grâce au développement de l'administration, aucun contrepoids ne s'oppose à la royauté.

La dynastie Le Tellier et sa mainmise sur la guerre

Malgré son œuvre colossale, Colbert a de moins en moins l'oreille du roi à partir de 1677. Et quand il meurt en 1683, amer, il refuse depuis son lit de mort de recevoir son maître. Cet éloignement de Colbert est le résultat du conflit qui l'oppose au clan des Le Tellier. Michel Le Tellier est lui aussi un héritage de la période Mazarin. Depuis 1643, c'est lui qui modernise à tout va les armées françaises en tant que secrétaire d'État à la Guerre. Comme Colbert le fait pour la société civile, il s'oppose au principe des charges, par lequel la richesse et la naissance, plus que le talent, permettent d'accéder aux postes de commandement. Comme Colbert, il souhaite assurer la mainmise de l'État sur ce qu'il voit comme une prérogative régalienne : la guerre. Le Tellier s'échine donc à encadrer le fonctionnement de l'armée pour en faire une force professionnelle. Il s'agit de s'assurer du ravitaillement, de créer des casernes… À partir de 1670, c'est son fils, François Michel Le Tellier, dit Louvois, qui continue ce travail. Il assure le paiement des soldats, interdit les pillages. Le résultat est une armée française supérieure par le nombre comme par la qualité à celles des pays ennemis. Mais c'est aussi une augmentation incroyable des dépenses de l'armée, qui représentent 47 % du budget en 1683. Voilà, avec le népotisme que pratiquent les clans Le Tellier et Colbert, la principale raison de l'opposition grandissante entre Louvois et son rival. Et le Roi-Soleil, plus porté sur la gloire militaire que sur l'économie, finit par donner raison à son ministre de la Guerre…

François Michel Le Tellier, marquis de Louvois et fils de Michel Le Tellier.

Décoration murale à Vaux-le-Vicomte représentant le monogramme de Nicolas Fouquet et de sa femme Madeleine.

La fête de Vaux-le-Vicomte

La légende veut que ce soit la grandiose fête de Vaux-le-Vicomte qui ait coûté son poste et sa liberté à Nicolas Fouquet. Depuis 1655, le surintendant des Finances dépense son argent – et donc celui de l'État – dans la construction du plus magnifique, du plus resplendissant des châteaux. Le 17 août 1661, il invite le roi pour une fête incroyable donnée en son honneur. Mais, loin d'être charmé par l'attention de son ministre, Louis est outré : tout ici n'est, selon lui, qu'un prétexte à le rabaisser, à l'insulter. Il fulmine, parle de faire arrêter Fouquet, avant d'être ramené à la raison par sa mère : le roi ne peut point arrêter l'hôte qui l'invite.

Le monarque qui découvre, atterré, que son ministre est plus riche que lui, est blessé. Mais en réalité, il a prévu de se débarrasser de Nicolas Fouquet depuis deux mois déjà. Et il ne peut s'empêcher d'être séduit par la beauté du château qu'il vient de voir. Quand viendra le moment de construire son propre palais, il fera sans surprise appel aux bâtisseurs de Vaux-le-Vicomte !

La mise au pas des fauteurs de trouble

Lorsque Louis prend le pouvoir en 1661, il n'oublie ni les enseignements de Mazarin, ni les troubles de la Fronde. Un de ses premiers objectifs est de réduire à la sujétion les groupes qui ont pu – et qui peuvent encore – menacer le pouvoir royal. C'est d'abord la noblesse que le roi a en ligne de mire. Surtout ces pairs du royaume, ces Condé, Conti et autres La Rochefoucauld qui, liés à la famille royale par le sang ou par l'honneur, n'ont pas hésité à se rebeller, à menacer, à exiger.

Séance inaugurale d'une chambre de justice dans une salle de la Chambre des comptes, l'organisme chargé de vérifier les comptes des agents du roi.

Mettre fin à l'indépendance des grands féodaux

Un magistrat à l'époque de Louis XIV.

Le jeune roi commence donc par refuser tout poids politique à ces grands noms, préférant garder à ses côtés Fouquet, Colbert et Le Tellier : des hommes issus de la noblesse de robe, autant dire des parvenus, aux yeux de ceux qui ont du sang bleu en abondance. Mais éloigner la grande noblesse des affaires du royaume n'a pas empêché la Fronde. Il faut aller plus loin pour calmer les ardeurs de ces réguliers fauteurs de trouble. Louis se méfie surtout des gouverneurs, ces représentants du roi dans les provinces qui, bien souvent, utilisent leurs prérogatives pour créer un État dans l'État, pouvant subvenir à leur besoin en cas de conflit avec le pouvoir royal. Afin de mettre fin à ces pratiques, le poste de gouverneur n'est plus accordé à vie, mais pour une durée de trois ans. Pire : les gouverneurs doivent, s'ils veulent rejoindre les terres qu'ils sont supposés gérer, mendier l'accord du roi !

La cour devient une prison dorée

Louis a bien compris qu'en gardant la noblesse sous les yeux, il tue dans l'œuf toute possibilité de soulèvement. Cette stratégie atteint son apogée après la construction de Versailles. Là, le roi peut rassembler en un seul lieu une bonne partie de la noblesse française pour la tenir à l'œil. Là, il peut aussi la ruiner, en imposant un rythme de vie que peu peuvent suivre, et qu'il finance parfois de sa poche, créant une relation de dépendance. Abandonnant ses rêves de grandeur, la noblesse française en est réduite à se battre pour avoir le droit de porter le chandelier du roi pendant son coucher…

Car le souverain, afin de renforcer la position de supériorité dans laquelle il se trouve, distribue largement honneurs et récompenses à ceux qui acceptent de jouer le jeu. Là des espèces sonnantes et trébuchantes, ici une unité militaire à commander, voire même l'entrée dans un ordre de chevalerie.

MONARCHIE ABSOLUE OU MONARCHIE ADMINISTRATIVE ?

En cherchant à rétablir ou à accroître les prérogatives royales au détriment des nobles et des parlements, Louis XIV donne naissance à ce qui a longtemps été nommé la monarchie absolue. À ce terme plutôt péjoratif, qui sous-entend que le roi de France serait un despote, les historiens préfèrent maintenant celui de monarchie administrative. D'abord parce que le pouvoir du roi n'est pas absolu, puisqu'il doit se soumettre aux lois fondamentales du royaume. Ensuite et surtout parce que ce nouveau système politique, qui confond la personne du roi avec l'État, repose avant tout sur un développement grandissant de l'administration publique, qui se saisit de problématiques de plus en plus nombreuses (santé, salubrité, police…).

Les parlements également réduits à l'impuissance

Après les nobles, il convenait de remettre les parlements à leur place. À commencer par celui de Paris, qui a entraîné à sa suite ses équivalents provinciaux dans la Fronde. En 1655 déjà, Louis a humilié les parlementaires de la capitale, qui ont eu la morgue de vouloir délibérer sur une de ces décisions. En tenue de chasse et le fouet à la main, le roi interrompt leur séance et interdit aux robins de discuter ses directives.

Mais les parlementaires insistent : ils veulent conserver leurs prérogatives et continuer à discuter les décisions royales avant de les enregistrer. Qu'à cela ne tienne : à partir de 1661, une série de lois prive les parlements de tous leurs pouvoirs, les transformant en de simples chambres d'enregistrement. Colbert peut affirmer de manière imagée que « les bruits de parlements ne sont plus de saison »…

Un roi libertin ou dévot ?

Le roi Très-Chrétien mérite-t-il son titre ? Les chroniqueurs du Grand Siècle n'ont de cesse de le présenter comme bien peu au fait en matière de religion, passant du libertinage dévergondé à une pieuse bondieuserie. Enfin, Louis XIV ne cache pas son dégoût pour les doctrines et courants religieux qui sortent des clous.

Louis XIV traversant le Pont-Ne
route vers Notre-Dame pour as
à un Te Deum, le 27 août
deux mois après son mariage
Marie-Thérèse d'Aut

Le Très-Chrétien s'oppose au pape et s'allie aux Turcs

Cette intolérance précoce ne fait pourtant pas du roi un bigot de la pire espèce. Au contraire, au grand dam des membres de la très puissante Compagnie du Saint-Sacrement, au premier rang desquels se trouve la reine mère, Louis ne semble pas vraiment s'intéresser au salut de son âme. Il va bien quotidiennement à la messe, comme le requiert son devoir, mais il accumule aussi les maîtresses, ne renie pas les alliances avec les Turcs et les protestants anglais et hollandais, et accorde sa protection à un Molière qui n'est guère en odeur de sainteté, surtout après la première représentation du *Tartuffe*. Quand il s'intéresse à la religion, c'est pour des raisons politiques. Il se fait ainsi l'avocat du gallicanisme, cette doctrine défendant l'indépendance de l'Église de France à l'égard du Saint-Siège. Mais, en voulant éloigner celle-ci de la tutelle romaine, il se fait des ennemis puissants : les papes Alexandre VII et Innocent XI.

La bigoterie s'installe à Versailles

Les remontrances d'Anne d'Autriche, les sermons polis de Bossuet, évêque de Meaux et orateur redoutable, ne semblent pas atteindre le monarque. Ce n'est qu'à partir de 1680, sous l'impulsion de sa maîtresse Madame de Maintenon, qu'un changement opère chez le roi. Il accorde plus d'attention à son confesseur, le père Lachaise, il prie plus souvent, il modère ses appétits sexuels… En 1683, à peine veuf, il épouse en secondes noces sa favorite, universellement considérée comme une bigote. Le roi vieillissant semble faire son mea-culpa. L'austérité est de mise, les fêtes grandioses remisées au placard. La princesse Palatine, belle-sœur du souverain, après s'être plainte de la frivolité de la cour française, décrit alors un Versailles triste, où l'ennui règne aux côtés du Roi-Soleil.

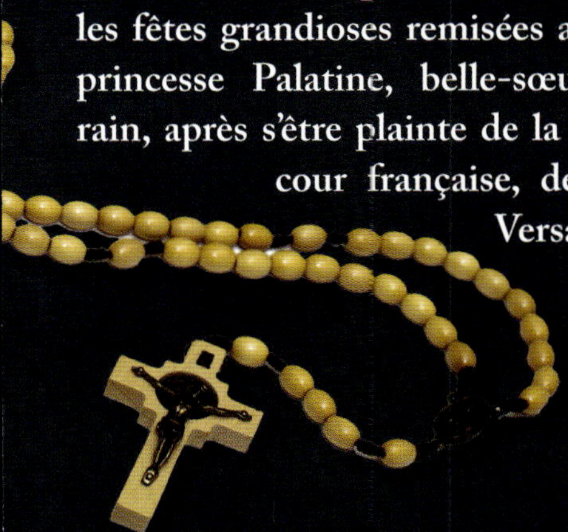

LE JANSÉNISME

Le jansénisme est un courant religieux qui apparaît au début du XVIIe siècle, sous l'impulsion de Cornelius Jansen, évêque d'Ypres. Profondément ancré dans la Contre-Réforme catholique, attaché aux principes fondateurs de l'Église, Jansen se montre très critique envers la papauté, et dénonce le développement du pouvoir royal en Europe. Bien que catholique, il semble, aux yeux de ses ennemis, bien trop proche du protestantisme. Si le jansénisme fournit nombre de serviteurs loyaux et compétents à la Couronne, Louis XIV le supporte de moins en moins à partir de 1680. Jusqu'à ce qu'en 1713, il fasse fermer et détruire le monastère de Port-Royal, centre spirituel et intellectuel du mouvement.

Le jansénisme foudroyé par le pape Innocent XII en présence du roi Louis XIV.

Les persécutions qui entachent le règne

Ce regain de dévotion se manifeste dans la politique du roi, avec des résultats tragiques. Les huguenots en sont les principales victimes. Depuis plusieurs années déjà, le pouvoir royal multiplie les mesures discriminatoires à leur encontre, afin de les pousser à abjurer leur foi et à rentrer dans le rang. Le résultat obtenu est l'inverse de celui escompté : les protestants se crispent, et s'accrochent de plus en plus à leur culte. Mais le roi se laisse convaincre que sa stratégie a fonctionné et, en 1695, il révoque l'édit de Nantes, persuadé d'avoir jeté à terre l'hérésie dans son royaume.

C'est le signal de départ pour les huguenots, qui quittent en masse la France, afin de rejoindre la Hollande ou l'Angleterre. De 100 000 à 200 000 personnes choisissent l'exil entre 1685 et 1715. D'autres, comme les camisards cévenols, n'ayant pas les moyens de fuir, préfèrent prendre les armes. Ils ne les déposeront qu'après quinze années de combats.

Louise de La Vallière, désintéressée et humiliée

Elle a un air frais, parle d'une voix chuchotée et sautille comme un cabri lorsqu'elle tombe folle amoureuse de Louis XIV. Sa mère, qui a épousé en troisièmes noces l'intendant du prince Gaston d'Orléans, frère de Louis XIII et longtemps héritier du trône, est au nombre des dames accueillant le monarque qui se déplace pour l'enterrement de son oncle paternel, en cette année 1660. Loin des complots cherchant à marier le souverain à une cousine malade, Louis découvre Louise, hors du moule des demoiselles de la cour, certes bien née mais ayant tout d'une biche fragile et apeurée.

Louise de La Vallière en Diane chasseresse.

Louise sert à cacher la relation du roi avec sa belle-sœur !

Mais, si les cœurs vibrent et frémissent, rien ne se passe. Peu après, Louise, venue à la cour, s'y retrouve utilisée comme paravent par les proches du monarque, désireux de cacher la liaison du roi avec sa belle-sœur, Madame, Henriette d'Angleterre. Louis, en rendant visite à la femme de son frère cadet, qu'il désire, s'attarde auprès de Françoise-Louise, lui fait un brin de cour et lui conte fleurette, en service commandé. Histoire de déjouer les soupçons de la reine mère, Anne d'Autriche, qui ne voit pas d'un bon œil cette liaison extra-familiale. L'occasion faisant le larron, le monarque se retrouve pris à son propre jeu : à force de tenir la jambe à Louise, il commence à la trouver fort à son goût. Tous deux, « cœur tout blanc et griffes aux genoux », vivent les premiers émois adolescents.

Louise n'est ni ambitieuse, ni comploteuse

Elle a dix-sept ans, il en a vingt-trois. Ils se découvrent et s'apprécient pour ce qu'ils ont et pour ce qu'ils sont. Deux cœurs qui palpitent à l'unisson, se pressant la main, s'adressant des placets et s'embrassant à la dérobée. Louise qui boitille à peine danse à la perfection et chevauche à ravir. Elle chasse, sait se taire et écouter. Louis s'enflamme pour cette beauté provinciale, mignonnette et douce, étrangère aux minauderies et aux manigances. La coterie qui l'a mise en place voit sa chose lui échapper et ne peut que contempler, ébahie, combien le piège s'est refermé sur la timide enfant et sur son auguste soupirant. Louise ne lui réclame nulle faveur, que de la ferveur. Pour la seule fois de sa vie, Louis XIV est aimé pour lui-même. La romance dure de 1663 à 1666.

Écrasée et humiliée par la Montespan

Mais toutes les bonnes choses ont une fin. Celle-ci se manifeste sous la forme de l'éblouissante Athénaïs de Montespan qui, en subjuguant Louis XIV par son aura et son allant, le transporte dans un autre univers empli de bruits et de fureurs. Louis ne résiste guère et se brûle. Une folle passion l'emporte. Louise s'accroche mais plus elle le suit, plus il la fuit. Mère d'au moins quatre enfants que lui a faits le roi, dont deux meurent en bas âge et deux sont légitimés, elle reçoit en 1667 un titre de duchesse qui, aux yeux de la cour cruelle, signifie son congé.

Henriette d'Angleterre, première épouse de Monsieur, frère du roi.

Louise fait ses excuses à la reine et se retire du monde

Humiliée par Madame de Montespan, qui aimerait l'utiliser elle aussi comme paravent pour dissimuler sa liaison de femme mariée, Louise cherche à fuir le monde. Éplorée et défaite, elle s'éloigne de son amant et présente ses excuses publiques à la reine, ce qui occasionne un scandale. Puis elle court s'enfermer chez les Grandes Carmélites du Faubourg Saint-Jacques à Paris, où elle prononce ses vœux en 1675. Marie-Thérèse, bafouée à son tour par la Montespan, rendra visite à celle qui se fait désormais appeler sœur Louise de la Miséricorde, et qui vivra trente-six années dans la piété et la repentance.

Madame de La Vallière se réfugie dans le couvent des Carmélites.

Épée dite de Louis XIV.

L'apprenti soldat

Dès son adolescence, Louis XIV, comme ses prédécesseurs, est initié à l'art de la guerre, qui fait partie intégrante de son éducation. Ce roi guerrier, dont trente-trois des cinquante-quatre années de règne ont été marquées par des conflits avec le reste de l'Europe, ne s'est donc pas tenu à l'écart de l'action, envoyant ses armées combattre depuis les salons de Versailles.

Une éducation militaire

Mazarin, persuadé qu'un souverain doit non seulement être initié à la stratégie, mais aussi donner de sa personne pour entretenir le moral des troupes, a en effet trouvé un professeur de choix au jeune roi, en la personne du vicomte de Turenne, un des meilleurs généraux que compte l'Europe. En 1653, après s'être déjà montré sur quelques champs de bataille pendant la Fronde, le roi, âgé de seulement quinze ans, est envoyé à la guerre, aux côtés du fameux Turenne, qui mène la bataille contre l'Espagne dans les Flandres. Là, bien qu'il ne prenne pas part aux combats, il vit peu ou prou la vie d'un officier : il commande aux hommes, suit le déroulement des sièges, dort dans la tente… Si les soldats apprécient de voir leur nouveau roi arpenter avec enthousiasme les champs de batailles, Mazarin – suivant les conseils de Turenne et les désirs d'Anne d'Autriche – décide de mettre le holà, en faisant rappeler le roi avant qu'une balle perdue ne mette prématurément fin à son règne.

Le roi donne ses ordres pour attaquer simultanément quatre places fortes de Hollande en 1672. Peinture de Charles Le Brun sur le plafond de la galerie des Glaces à Versailles.

Le siège de Besançon par Louis XIV en 1674.

Il repart sur le front en 1667

Sa Majesté n'a d'autres choix que celui d'obéir à son mentor. Mais les recommandations de « l'Italien » ne suffiront pas à calmer les ardeurs du roi. Une décennie plus tard, le 16 mai 1667, à l'aube de la guerre de Dévolution, il quitte Saint-Germain à la tête de l'armée qui doit envahir les Flandres espagnoles. En dix ans, son caractère n'a pas changé. Le marquis de Saint-Maurice, ambassadeur de Savoie, décrit Louis qui dort sur la paille après avoir discuté avec ses conseillers, et qui commande son escorte comme n'importe quel officier. Et comme au temps de Mazarin, son côté tête brûlée effraie son entourage : à force de se rendre dans les tranchées pendant les sièges, il se fait à nouveau sermonner. Mais le roi insiste : si ses hommes prennent des risques, il n'y a pas de raison qu'il reste à l'arrière. C'est que même en pleine campagne, le roi reste l'exemple du gentilhomme. Hors de question d'abandonner le rôle qu'il joue depuis son adolescence. Alors il dort moins qu'il ne le devrait, pour pouvoir s'habiller et faire sa toilette. Le roi doit être impeccable.

Louis XIV écrit sa propre légende

Il est vrai que Louis est alors dans la fleur de l'âge. Il est beau, bien bâti et ses armées semblent invincibles. Jamais il ne sera à nouveau aussi proche des héros de l'Antiquité qui servent de référence à l'époque. L'âge et la goutte mettront fin à ces expéditions. Peu à peu, le roi laisse ses héritiers se couvrir de gloire à sa place.

Car c'est aussi de cela qu'il s'agit : malgré les tableaux de Charles Le Brun, Louis n'est ni César, ni Alexandre le Grand. Il n'est pas non plus un roi combattant comme son grand-père Henri IV. Il laisse les professionnels – les maréchaux de France Vauban, Turenne et Villars, le prince de Condé – gagner les conflits pour lui. S'il se montre au front, c'est pour donner l'exemple, mais aussi pour écrire sa propre légende. Ce n'est pas pour rien qu'il est accompagné dans ses campagnes par les historiographes du régime, dont le fameux Jean Racine. Ce sont eux qui relatent, à grand renfort de figures de style et probablement avec quelque exagération, l'héroïsme de celui qui est leur mécène.

Colbert présente au roi Louis XIV les membres de l'Académie royale des Sciences.

LE MÉCÉNAT ROYAL, ou l'invention de l'art officiel

Depuis la Renaissance, le souverain se doit non seulement d'aimer les arts et les lettres, mais aussi de favoriser leur création. Louis XIV n'a qu'à jeter un coup d'œil à l'arbre généalogique des rois de France pour trouver d'illustres exemples de grands patrons des arts, comme François Ier ou Marie de Médicis. Initié à l'art par le cardinal Mazarin, Louis s'emploie à s'attacher les services d'écrivains, d'architectes, d'artistes... Il a reconnu la valeur d'hommes comme Charles Le Brun ou Louis Le Vau ; il a été séduit par ce comédien remuant et talentueux qui se fait appeler Molière.

La pratique du mécénat est officialisée par Colbert

Mais surtout, Louis XIV demande en 1664 à Colbert d'officialiser une pratique jusque-là informelle : la distribution de pensions aux gens d'art, de lettres et de sciences. Ce mécénat concerne cette année-là 58 récipiendaires, qui se partagent une somme de 75 000 livres, pour la première fois officiellement inscrite aux dépenses du royaume. Ce montant ne cesse par la suite d'augmenter, pour concerner de plus en plus de personnes. Certains ont droit à leur gratification chaque année ou presque, d'autres sont récompensés ponctuellement, pour une œuvre particulière ou pour une découverte étonnante. Adressant un pied de nez à ses rivaux, le roi de France n'hésite pas à récompenser de grands esprits étrangers, dont certains n'ont pas encore visité son royaume ! La manœuvre est habile, puisqu'elle permet d'une part d'encourager ces savants et auteurs à rejoindre définitivement la France, et d'autre part à affirmer la supériorité du pays. Aucun autre souverain, aucune autre cour ne récompense alors si largement et de manière si régulière le talent

Des académies royales définissent les normes esthétiques

Mais le Grand Roi ne peut se permettre de suivre la mode artistique et littéraire. Il doit l'aiguiller, l'encadrer. Pour ce faire, Louis XIV crée une demi-douzaine d'institutions chargées d'établir des canons en matière de culture. La première à voir le jour – en mars 1661 – est l'Académie royale de Danse, discipline chère aux yeux du roi, danseur émérite et grand amateur de ballets. Mais voilà bientôt l'Académie de Peinture et de Sculpture, fondée en 1648, restructurée, tandis que Colbert met sur pied des académies royales d'architecture, des sciences, de musique, et même des inscriptions et médailles !

Allégorie à Louis XIV, protecteur des Arts et des Sciences.

Là encore, le roi ne fait pas grand cas des frontières, établissant une académie de France à Rome, pour que les futurs grands peintres et sculpteurs français s'initient à l'art italien.

Frontispice de la première édition du *Dictionnaire de l'Académie française*, 1694.

Toutes ces prestigieuses institutions, dont beaucoup existent encore de nos jours, sont placées entre les mains de proches du roi. Ce dernier a donc toujours son mot à dire lorsqu'il s'agit d'établir les grandes lignes du développement culturel du royaume.

La culture française rayonne sur toute l'Europe

Dans ces premières décennies de règne, la cour de France s'impose comme la plus brillante d'Europe. On y trouve, entre autres célébrités, le vieillissant Pierre Corneille, son ambitieux successeur Jean Racine, le turbulent Molière et sa troupe, le poète Nicolas Boileau, les peintres Charles Le Brun et Hyacinthe Rigaud, le musicien Jean-Baptiste Lully et ses disciples, le sculpteur François Girardon, les architectes André Le Vau et Jules Hardouin-Mansart, le jardinier André Le Nôtre, l'astronome Jacques Cassini et le mathématicien Gilles Personne de Roberval… Certains de ces hommes, venus d'Italie, d'Espagne, de Hollande, se font naturaliser français. Leurs travaux et leurs œuvres se répandent dans toute l'Europe, véhiculés par le français, dont le statut de langue internationale est confirmé.

Tapisserie représentant la visite de Louis XIV à la Manufacture des Gobelins en présence de Colbert (de profil, à la droite du roi) et du peintre Le Brun, le 15 octobre 1667.

La naissance d'une véritable propagande d'État

Si le Roi-Soleil tient tant à développer une réelle politique culturelle, ce n'est pourtant pas pour satisfaire ses goûts d'esthète. Mais en contrôlant la production littéraire et artistique de son temps, en réunissant autour de lui les plus grands hommes du continent, il espère travailler à la grandeur du royaume. Tandis que les peintres représentent les moments les plus glorieux du règne, les écrivains mettent sur papier les exploits du monarque et de ses serviteurs, les architectes érigent des bâtiments qui surpassent tout ce qui a été fait jusque-là, les scientifiques travaillent à la renommée et à la suprématie du royaume...

Cette volonté d'utiliser la culture comme outil de propagande n'est pas nouvelle : depuis des siècles, les grands utilisent l'art et la littérature pour éclairer d'une lumière positive leur règne ou leurs actions, quand ce n'est pas pour laisser une trace de leur passage. Ce qui change avec Louis XIV, c'est la systématisation de cet effort, voulue par le roi et rendue possible par l'infatigable Colbert. Plus aucune œuvre d'envergure ne peut être envisagée si elle ne fait pas passer un message politique, si elle n'affirme pas aux yeux du monde, en plus du talent de son créateur, la grandeur du Roi-Soleil, la richesse de son royaume et la puissance de ses armées…

Pierre Corneille.

L'exaltation du régime tourne parfois au ridicule

L'immense majorité des gens d'art et de lettres n'a guère de scrupules à devenir ainsi un outil entre les mains du grand mécène. Au contraire, beaucoup de poètes, de sculpteurs et de peintres multiplient les flagorneries et les louanges, quitte parfois à sombrer dans le ridicule. Jean Racine, qui bénéficie lui-même régulièrement des largesses de la Couronne, se moque de ces poètes qui espèrent attirer l'attention du roi à l'aide de déclarations pompeuses et de flatteries grossières.

Reste que vivre de son talent est alors une affaire compliquée, et que les pensions ou charges allouées par le monarque aux artistes méritants ont de quoi séduire. Corneille et Racine reçoivent ainsi 2 000 livres chaque année, Molière jusqu'à 1 500. Des sommes considérables à l'époque. Que sont donc quelques compliments en vers, une sculpture ou une peinture glorifiant le nouvel Apollon, contre cet argent qui permet à un homme de vivre de son art sans se soucier du lendemain ? Sans parler de la renommée dont ne manque pas de profiter un homme qui travaille pour Louis le Grand.

Portière aux armes de France de la Manufacture des Gobelins, réalisée en 1727.

Bains d'Apollon, sculpture dans les jardins de Versailles de François Girardon et Thomas Regnaudin.

La censure empêche toute critique

La volonté royale d'encadrer toute création artistique, si elle contribue à amplifier le bouillonnement culturel, n'a pourtant pas que des aspects positifs. Afin d'empêcher la publication de livres et de pamphlets critiques envers sa personne, le monarque fait ainsi fermer des imprimeries, et soumet les autres à un contrôle strict : chaque impression doit faire l'objet d'une autorisation préalable. Les contrevenants sont poursuivis et condamnés à des amendes, voire à l'emprisonnement. Les plumes un peu trop libres sont amenées à se taire. Rares sont ceux qui, comme Fénelon avec *les Aventures de Télémaque*, prennent le risque de critiquer la politique royale…

Monsieur, le frère du roi

Le frère cadet de Louis, Philippe, naît dans le contexte difficile de la Fronde, à une époque où chacun, à la cour et dans le pays, reste tétanisé par les insoumissions de l'oncle paternel du roi, Gaston d'Orléans, à l'encontre de la Couronne. Échaudée par les manœuvres et manigances de son beau-frère, Anne d'Autriche, aidée par Mazarin, veut éviter à son fils pareilles mésaventures...

Louis XIV et son frère Philippe, duc d'Orléans, tous deux enfants.

Le mauvais exemple de Gaston d'Orléans

Frère cadet de Louis XIII, longtemps considéré comme son successeur sur le trône, Gaston d'Orléans a mené la révolte guerrière de façon constante, impatiente et brouillonne contre son souverain, trempant dans tous les complots, y compris ceux qui n'étaient point les siens. Pour éviter que son fils ne suive ce mauvais exemple, la reine mère décide donc de tuer dans l'œuf toute ardeur belliqueuse chez le jeune prince Philippe, né le 21 septembre 1640. Il faut, pour cela, lui amollir le caractère et gommer en lui toute velléité de se dresser contre le pouvoir du monarque. D'autant plus que Gaston, surnommé « Le Grand Monsieur » et choisi comme parrain pour « Le Petit Monsieur », pouvait faire figure paternelle aux yeux de son filleul et neveu, orphelin à trois ans de son père Louis XIII.

La princesse Palatine, « Océan d'encre »

En 1671, Monsieur épouse en secondes noces Élisabeth-Charlotte de Bavière. Cette princesse Palatine supporte mal les intrigues et les complots qui rythment la vie de la cour de France. Elle déteste favoris, courtisans et quémandeurs, et le fait savoir grâce à une correspondance prolifique, dans laquelle elle ne mâche jamais ses mots et qui lui vaut le surnom d'« Océan d'encre ». Sous sa plume, Madame de Maintenon devient une « vieille ordure » ; sa belle-fille, bâtarde royale, « ressemble à un cul comme deux gouttes d'eau »... Cette « commère royale », poissonnière tout autant qu'humaniste, mère du futur Régent du royaume, conservera toute sa vie l'amitié et le respect du roi.

Il aime se travestir

La reine mère prend donc la décision d'habiller son fils en fille, à une époque où, il est vrai, les garçons portent, dès la naissance et tout au long de leur adolescence, des robes brodées, qu'ils gardent ensuite plus ou moins longtemps. Philippe de France, duc d'Orléans, conserve les siennes jusqu'à l'âge adulte, où il prend grand plaisir à se déguiser en femme. Couvert de colifichets et garni de bijoux, portant parures et colliers, il adore se travestir. Passant son temps à chercher des âmes sœurs dans des corps frères, il en oublie ainsi de fomenter des embuscades. À la mort de Gaston d'Orléans en 1660, alors qu'il n'a que vingt ans, Philippe hérite de son titre, de sa fortune, mais n'est jamais considéré comme héritier du trône puisque la reine Marie-Thérèse accouche peu après d'un premier enfant : le Grand Dauphin.

Des disputes incessantes

Prince du sang, frère du roi, le duc d'Orléans passe sa vie à s'amuser. Se choisissant des favoris qu'il met dans son lit, le très efféminé Philippe multiplie les frasques et les scandales homosexuels, sans pour autant négliger de se marier. Il épouse d'abord la fille de Charles Ier d'Angleterre, Henriette, sa cousine germaine. Louis XIV, qui a voulu cette union, est surpris de découvrir que sa belle-sœur n'est plus une petite fille maigrichonne et fade, mais une femme charmante et intelligente, qu'il s'empresse de courtiser. Henriette meurt en 1670, empoisonnée, dit-on, par Monsieur ou par un de ses amants. Puis le prince se remarie avec une princesse du Rhin, dite la Palatine, Élisabeth-Charlotte de Bavière, spirituelle à l'extrême mais disgracieuse à souhait à laquelle il ne fait, pourtant, pas moins de trois enfants.

Philippe, dépensier et coquet, méchante langue, suffisant et prétentieux, est de toutes les intrigues de cour. Son frère le tient à l'écart de la vie politique du royaume tout en lui faisant bonne mine en public, ce qui donne lieu à des disputes véhémentes. La zizanie fraternelle dure jusqu'à la mort de Philippe, en 1701, au lendemain d'une énième violente altercation avec Louis XIV. Le roi, qui l'avait tant brimé et tant bridé, le pleura grandement.

Le frère de Louis XIV Philippe, duc d'Orléans, dit Monsieur.

Athénaïs de Montespan, la scandaleuse

Le roi commence par ne pas remarquer Athénaïs de Montespan, qui sera sa favorite officielle pendant plus de dix ans. Lorsqu'il vient courtiser Louise de La Vallière, Louis, traversant la chambre d'atours des demoiselles d'honneur de la reine, vivier de ses maîtresses, autant pour la présente que pour les futures, n'a, en effet, pas un regard pour les autres femmes. Tout entier aux feux de son amour occupé, il ne voit même pas la sculpturale Françoise de Rochechouart de Mortemart qui, pourtant, donne un indéniable relief au paysage. Arrogante créature, elle arbore des formes ayant tout de capiteux et de plantureux, semble descendre d'un tableau de Rubens et sortir du meilleur monde.

Dame d'atours d'Henriette d'Angleterre

Née en 1640, soit deux années plus tard que le monarque, la blonde Athénaïs, prénom supplémentaire qu'elle s'est choisi sous l'influence des Précieuses de l'époque, a épousé en 1663 Louis-Henri de Pardaillan de Gondrin, marquis de Montespan, auquel elle a donné deux enfants : une fille décédée à treize ans et un fils qui deviendra duc d'Antin et vivra plus de soixante-dix ans. Elle est, un temps, dame d'atours de Madame, duchesse d'Orléans, née Henriette d'Angleterre et épouse du frère de Louis. De nature droite et religieuse, élevée dans une abbaye, elle ne lève d'ailleurs pas les yeux sur le souverain.

Le roi est impressionné et amusé par sa langue acérée

Louis ne perçoit, en fait, sa présence que lorsqu'il l'entend donner de la voix. La dame au caractère bien trempé possède, effectivement, et de l'esprit et de la repartie. Elle parle, pérore et pétille avec du mordant. De sa langue, acérée, fusent des mots drôles, malicieux et, souvent, assassins. Louis regarde alors qui profère des phrases si piquantes, qui l'amusent et conte des histoires, si plaisantes, qui l'enchantent. La créature est bien née, blonde et belle, elle paraît plantureuse et appétissante, elle affiche une peau douce et laiteuse. Le roi souhaite voir et toucher plus avant. La dame résiste ce qu'il faut avant de devenir, en 1664, la maîtresse du roi puis, bien vite, la favorite officielle.

Le roi avec ses deux favorites : Louise de La Vallière, à gauche, qui sera détrônée par la marquise de Montespan à droite.

La Montespan supplante Louise de La Vallière

Le Roi-Soleil s'affiche en sa compagnie et impose sa présence à la cour et à la reine Marie-Thérèse. La sage Louise de La Vallière, sincèrement amoureuse, ne comprenant pas qu'elle a fini son temps, s'accroche dans l'ombre. En butte, quatre années durant, aux rebuffades et aux sarcasmes de la cour, elle finira par se retirer dans un couvent. Le règne, sans rivale aucune, de la Montespan démarre en 1668. Il va durer, dans la lumière, près d'une décennie et demie au long de laquelle elle donnera sept enfants au souverain, dont six seront légitimés.

Athénaïs est la véritable reine de Versailles

Fier de sa maîtresse, Louis l'exhibe devant les ambassadeurs et lui passe tous ses caprices. Douée pour les choses de l'amour et fascinée par le luxe, autoritaire et arrogante, Athénaïs de Montespan s'attire et s'enchaîne la faveur totale du roi dont elle contribue à développer le sens de l'orgueil et de la démesure. Avec son sens de la parure et de l'éclat, elle lance les modes vestimentaires et multiplie les commandes aux manufactures qu'elle fait travailler. Elle amplifie chez le roi le goût du grandiose et de la munificence. Elle protège des créateurs et encourage les Beaux-Arts.

Françoise Athénaïs de Rochechouart de Mortemart, marquise de Montespan, fut la maîtresse de Louis XIV à partir de 1664.

L'affaire des Poisons cause sa perte

Mais son nom reste attaché et souillé par l'affaire des Poisons qui la vit, dit-on, prête à tout pour garder la faveur royale. Désireuse de ne pas perdre l'amour de Louis qui ne dédaigne pas culbuter courtisanes et chambrières sur des courtepointes d'occasion, la marquise de Montespan ferme les yeux sur des passades qui n'entament en rien sa place prépondérante, et elle a recours aux sortilèges de charlatans.

Comme le font la comtesse de Soissons, sœur de Marie Mancini, et d'autres belles de la cour, elle achète des potions fumeuses et des philtres magiques qu'elle administre au roi. La rumeur colporte qu'elle participe même à des messes noires et fait égorger des nourrissons sur son corps nu par des prêtres parjures. Cela, pour ne point connaître la défaveur et pour écarter les rivales plus tenaces, comme la jeune Marie-Angélique de Scoraille de Roussille, duchesse de Fontanges, mystérieusement décédée à vingt ans, qui lui donne du fil de fer à retordre, et pas seulement celui des chignons qu'elle a inventés ! Informé, le roi lance une enquête, confiée à Desgrez, son lieutenant général de police, dont les résultats sont tenus secrets.

Gravure du XIXe siècle représentant un épisode de l'affaire des Poisons sous le règne de Louis XIV. La marquise de Brinvilliers, suspectée d'avoir fourni filtres et poisons à plusieurs dames de la cour, fut torturée et décapitée le 16 juillet 1676.

Disgraciée, elle continue à tenir sa cour dans le palais

Hasard ou coïncidence, la marquise, qui a beaucoup grossi, cesse de plaire à la même époque, en cette année 1680. Le roi lui intime l'ordre de quitter l'appartement proche du sien, de se réfugier sous les combles du château et de ne point paraître devant ses yeux. Bien que déchue de son titre officiel de maîtresse royale, la marquise, dont le fils (né du roi) a récupéré l'appartement, ne se laisse pas démonter et continue à tenir son rang en organisant de grandes fêtes auxquelles Louis ne paraît point. Elle voit les enfants que lui a faits le souverain épouser l'une le prince de Bourbon-Condé, l'autre le duc de Chartres neveu du roi et futur Régent et l'un la petite-fille du Grand Condé. Elle manque de défaillir de bonheur quand elle apprend que Louis XIV a choisi leur fils, le duc du Maine, pour monter sur le trône et lui succéder en cas d'extinction de la race des Bourbons, qui se trouvent presque tous emportés dans la tombe par une succession de décès.

La marquise de Montespan régna plus de dix ans sur le cœur du roi.

La Montespan bascule à son tour dans la piété et la dévotion

En 1691, en catimini, à la mort de son mari, la marquise quitte le château de Versailles, où elle est entrée tête haute trente ans auparavant et où elle n'a pas revu le roi en tête à tête depuis plus de dix ans, pour partir s'installer à Paris. Elle y vit dans la dévotion à l'Église, la crainte de Dieu et la peur de mourir. Elle demande à ce qu'on éclaire constamment son appartement et à ce qu'on veille continuellement sur son sommeil, tout au long de ses nuits. Profondément marquée par ses années de gloire et aussi par ses années de déchéance, elle bascule dans la piété et la charité, pratiquant la retraite et le jeûne, cherchant à faire oublier, aux yeux du monde, et le péché mortel qui fut le sien et le scandale qu'elle occasionna. Elle décède le 27 mai 1707 à l'âge de soixante-sept ans à Bourbon-l'Archambault, dans l'Allier, où elle se rendait depuis quarante ans pour y prendre les eaux.

Surprise : le mari cocu n'entend pas se laisser faire !

Furieux de se voir cocu, le marquis de Montespan, dont tout le monde attend qu'il utilise sa femme pour obtenir quelque avantage, ose défier le roi. Il affuble son carrosse de ramures de bois de cerfs et se promène tout de noir vêtu. « De qui donc portez-vous le deuil ? », lui demandent ses connaissances. Mine lugubre, il répond : « De ma femme ! ». Incapable de rivaliser avec le Grand Roi, Louis-Henri de Pardaillan en est réduit à fréquenter les prostituées de la capitale, espérant attraper une maladie vénérienne, qu'il transmettrait alors à sa femme, et donc à son rival. Mais avant de pouvoir mettre son plan à exécution, il se retrouve, à force de scandales, renvoyé en son château de Gascogne.

Dans l'intimité de Louis Dieudonné

Qui est vraiment Louis XIV ? Derrière le monarque craint par l'Europe entière, derrière le roi au statut quasi divin admiré par la cour la plus brillante de l'époque, derrière ce personnage grandiose et mystérieux se cache un homme. Un être de chair et de sang chez qui le médiocre l'emporte parfois sur le bon et qui se laisse — rarement, il est vrai — emporter par ses émotions.

Nicolas Boileau.

Apollon brille d'abord par sa prestance

Première question : à quoi ressemble le Grand Roi ? Même sur cette simple question, le débat fait rage. La question de sa taille divise toujours, par exemple. Faisait-il 1 m 60, soit la taille de l'armure royale exposée aujourd'hui aux Invalides ? Ou plus de 1 m 80, comme l'affirment de nombreux historiens ? Le cadavre royal ayant été profané et perdu durant la Révolution, la réponse ne peut donc venir que des contemporains. Or, tous s'accordent à dire que Louis XIV est grand, très grand même, par rapport aux normes de l'époque. Et même si l'on compte ses talons et ses hautes perruques, il semble peu probable que le roi ait mesuré moins d'1 m 70. Qu'en est-il de son apparence ? On sait qu'il a des yeux bleus, un nez aquilin et un corps bien bâti. Anne-Marie Louise d'Orléans, transie d'amour pour son cousin, le décrit comme « le plus bel homme du royaume ». Saint-Simon, pourtant rarement flatteur, tient des propos similaires. Ces avis restent subjectifs, et d'autres témoins ont été moins élogieux. Un ambassadeur vénitien ayant rencontré le Roi-Soleil retient surtout les marques de la vérole sur son visage. Mais c'est surtout par sa prestance que Louis retient l'attention. Le roi en impose. Chez lui, l'autorité et la grâce semblent naturelles. Ses manières, sa démarche, ses gestes… et même le son de sa voix, tout impressionne. Jusqu'à sa mort, malgré les maladies et les infirmités, le nouvel Apollon semble véritablement fait d'un autre bois que le reste des hommes.

Louis XIV, ce grand timide ?

Pourtant, ce n'était pas gagné. Car Louis, adolescent, est un timide. Du genre à être mal à l'aise lorsqu'une conversation s'éternise, et à éprouver des difficultés quand il faut s'exprimer en public. Difficile à croire… Et pourtant, c'est le roi lui-même qui nous renseigne à ce sujet, dans ses *Mémoires pour l'instruction du Dauphin* : « Cette première timidité qu'un peu de jugement donne toujours, et qui d'abord me faisait peine, surtout quand il fallait parler quelque temps et en public, se dissipa en moins de rien. » Les contemporains en témoignent : adolescent, Louis semble froid, distant. S'il peut se lancer dans des discussions enthousiastes avec ses proches, il se replie et hésite, face à un interlocuteur qu'il connaît mal. Bien conscient du problème, l'adolescent s'efforce d'y remédier. À force d'application, il acquiert une éloquence remarquable, qui lui permet de jouer pleinement son rôle de souverain. Étape essentielle dans la construction de ce personnage de roi que va s'efforcer de jouer Louis Dieudonné.

Le duc de Saint-Simon

Né le 16 janvier 1675, fils d'un favori de Louis XIII devenu gouverneur du petit château de Versailles, Louis de Rouvroy, duc de Saint-Simon, est sans conteste le mémorialiste le plus célèbre du règne. Le jeune duc se lance d'abord dans une carrière militaire, qu'il abandonne par dépit en 1702. Installé dès lors au palais de Versailles, il devient un observateur sans égal de la vie à la cour. Il laisse des milliers de pages qui nous renseignent sur les habitudes des courtisans et sur les faits et gestes du roi de France. Écrivain prolifique et brillant, Saint-Simon est aussi un cynique. Blâmant la politique royale pour l'échec de sa carrière dans les armes, il dresse un portrait au vitriol d'un Grand Siècle qu'il n'apprécie pas vraiment, de ses courtisans médiocres et opportunistes et de son monarque à l'esprit changeant, tantôt décrit comme un vaniteux, tantôt comme un faible influencé par son entourage. Considéré comme le critique le plus féroce – et pas le plus objectif – du règne de Louis XIV, Saint-Simon va connaître son heure de gloire personnelle à la mort du roi, en devenant le bras droit du Régent, Philippe d'Orléans.

Un soupçon de mesquinerie...

Ce roi, qui doit être l'image même du gentilhomme, étonne le Grand Siècle par sa bonté. Là encore, même Saint-Simon s'accorde à décrire Louis comme un homme foncièrement bon, doté d'une empathie surprenante. Pourtant, il lui arrive de faire preuve d'une certaine forme de méchanceté. Sa plus grande victime est probablement la pauvre Louise de La Vallière. Cible des quolibets et moqueries de Madame de Montespan, la nouvelle favorite, celle qui a partagé avec le roi de France un amour sincère se retrouve complètement abandonnée par son ancien amant. Louis XIV, obnubilé qu'il est par son Athénaïs, assiste sans lever le petit doigt au martyre de Louise.

Pire, de témoin, il devient parfois acteur des humiliations qui visent son ancienne maîtresse. Comme cette fois où, Louise attendant de le rencontrer, il lui amène son chien avant d'annoncer : « Voilà tout ce que vous aurez », en quittant les lieux.

... et une once de vanité

Autre qualité du gentilhomme : l'humilité. À de nombreuses reprises, le roi sait se montrer humble, et donne parfois même l'impression d'être gêné par les hagiographies dont il est le sujet. « Je suis très content ; je vous louerais d'avantage si vous m'aviez moins loué », explique-t-il ainsi à Racine après avoir entendu un des discours élogieux de l'auteur et historiographe. Pourtant, personne n'est dupe : le maître du royaume aime les flatteries, bien qu'il s'en défende régulièrement. Ce qui va causer de sérieux problèmes à la fin du règne, les flagorneurs obtenant plus facilement l'oreille du souverain que les gens honnêtes.

Certes, le désir d'être mis en avant a aussi un but politique : exalter le souverain, c'est exalter le royaume. Mais il ne va pas sans donner lieu à des interrogations, même chez les plus fidèles serviteurs. Comme Boileau, historiographe « officiel », qui, chargé de rédiger un texte sur la chute de la citadelle de Namur, en 1692, se retrouve bien embêté : doit-il mentionner le maréchal de Luxembourg, qui a conduit le siège avec brio, ou ne parler que du roi, qui s'est contenté de visiter les tranchées ? Il demande conseil à Racine. Et accompagne sa lettre de cette phrase significative : « Vous n'ignorez pas combien notre maître est chatouilleux sur les gens qu'on associe à ses louanges. »

1662
Louis XIV,
âgé de vingt-quatre ans.

1670
Louis XIV,
âgé de trente-deux ans.

1676
Louis XIV,
âgé de trente-huit ans.

1691
Louis XIV,
âgé de cinquante-trois ans.

Ce masque d'impassibilité doit protéger la dignité du roi

Colère, doutes, jalousie, tristesse… Autant de sentiments que le Roi-Soleil éprouve au cours de son long règne. Sans surprise, le roi, malgré l'image qu'il veut donner, n'est pas un sphinx imperturbable. Mais, pour le bien du règne et du royaume, il réussit l'exploit de remiser, presque constamment, ses passions de simple être humain au placard. Cette volonté incroyable fera défaut à ses successeurs, qui ne voudront pas ou ne pourront pas jouer au roi avec autant de majesté que Louis le Grand.

Les colères royales

À l'inverse, la colère – un des sept péchés capitaux –, est proscrite chez un personnage aussi important que le roi de France. « Si je n'étais roi, je me mettrais en colère », aurait d'ailleurs affirmé le monarque à l'insolent duc de Lauzun. Mais il arrive que le sphinx impassible qu'est censé être Louis XIV laisse ses émotions parler. Les cibles de l'ire royale sont variées : un serviteur pris en flagrant délit de vol, un noble un peu trop sûr de lui, ou même le dévoué ministre Louvois. À chaque fois, Louis retrouve vite sa composition et regrette d'avoir perdu son sang-froid.

Mais il est une personne qui possède le don de mettre le roi en colère : son frère Philippe. Les rencontres entre les deux Bourbons sont presque toujours orageuses. Et peu importe que Louis et Philippe prennent à chaque fois la précaution de s'enfermer, espérant ainsi éviter le scandale : le ton monte généralement assez pour que nul à la cour n'ignore le dernier sujet de conflit entre les deux frères. Au grand dam des serviteurs qui, soucieux de la bienséance, tentent de glisser un timide : « Sire, on vous entend », au beau milieu d'une énième prise de bec.

VERSAILLES, capitale du Soleil

Lorsque Mazarin s'éteint, le centre traditionnel de la monarchie française est, depuis le règne de Charles V, le palais du Louvre. Chaque souverain a modifié cette ancienne forteresse médiévale, y ajoutant une aile, enlevant une tour... Louis XIV, qui entend rénover à grands frais une partie de l'édifice, semble marcher dans les pas de ses prédécesseurs. Mais voilà : rien n'est simple avec ce jeune roi qui, délaissant l'ancestral palais parisien, se prend soudainement d'une passion inexplicable pour une obscure résidence royale construite par son père, non loin d'un minuscule village nommé Versailles.

« Un lieu ingrat et triste »

C'est pendant la Fronde que Louis découvre Versailles. Forcé d'y faire étape à plusieurs reprises, il chasse sur le domaine qu'appréciait Louis XIII. Pour autant, il ne manifeste aucun intérêt particulier pour le lieu, lui préférant le domaine de Vincennes. Il faut dire que Versailles n'a alors pas grand-chose en sa faveur. Le château de Louis XIII, pudiquement décrit comme un « pavillon de chasse », est quasiment à l'abandon : le mobilier qui n'a pas été dévalisé est abîmé, les arbres des jardins arrachés et revendus au plus offrant par un serviteur peu scrupuleux. Le panorama lui-même n'a rien d'extraordinaire, bien au contraire ! Le duc de Saint-Simon parle d'un « lieu ingrat, triste, sans vue, sans bois, sans eaux, sans terre, parce que tout est sable mouvant et marécage, sans air, par conséquent qui n'est pas bon ».

La construction du château de Versailles.

Le pavillon de chasse se transforme en retraite isolée

A priori pas de quoi faire vibrer celui qui, dès ses seize ans, s'identifie au dieu Apollon. Mais par un mystère dont l'histoire a le secret, Louis XIV décide en 1660 de reprendre le domaine en main. Il remercie plus ou moins fermement les anciens gestionnaires, exige que soit fait un inventaire du château, et commande les premières restaurations. Il met bientôt au travail les créateurs de Vaux-le-Vicomte : l'architecte Louis Le Vau, le peintre Charles Le Brun et le paysagiste André Le Nôtre. En octobre, galant, il y invite Marie-Thérèse. La reine reste de marbre en découvrant cette bâtisse austère, perdue au milieu de nulle part. Louis, lui, s'enthousiasme. Il prévoit déjà les prochains travaux, veut modifier l'agencement des chambres et surtout, réaménager les jardins, qui voient apparaître la ménagerie, une première orangerie et la grotte de Téthys. Louis souhaite alors faire de Versailles sa retraite, son petit coin de paradis, où il peut échapper temporairement à l'atmosphère parisienne…

Louis XIV en Apollon dans le char du soleil, précédé par l'Aurore et accompagné des Heures.

Versailles fait travailler la France entière

Colbert fait du château de Versailles le symbole du savoir-faire français. Le ministre, toujours soucieux de réduire au minimum les importations et de développer la production manufacturière nationale, décide en effet d'utiliser autant que possible des artisans et des matériaux français. Le défi est de taille, tant la construction du château requiert de ressources et tant l'économie du royaume apparaît peu apte à assurer les commandes. Il faut plusieurs années avant que la production locale suffise à alimenter les besoins du chantier. Et bientôt, des carrières et des mines permettent de se passer du marbre grec et du charbon anglais, tandis que des forêts entières sont exploitées et replantées. Quant aux manufactures, assujetties à des cahiers des charges stricts, elles répondent avec efficacité aux demandes. La production fait un bond qualitatif important, si bien qu'à la fin du siècle, draps et miroirs français n'ont plus grand-chose à envier à leurs équivalents flamands ou italiens.

Un projet qui ne réjouit pas tout le monde…

Déjà, Colbert bougonne. Toujours attentif à l'état des coffres du royaume, il explique au roi que les dépenses engendrées par ces modestes travaux sont trop élevées. Il craint que le souverain n'abandonne le Louvre, « assurément le plus superbe palais qu'il y ait au monde ». Presque toute aussi dépitée est Louise de La Vallière, qui se retrouve malgré elle maîtresse officieuse des nouveaux lieux. Du 7 au 13 mai 1664, la timide favorite est projetée sur le devant de la scène, face à quelques centaines de courtisans, au cours de la fête des Plaisirs de l'Île enchantée, le premier des grands et fastueux divertissements versaillais.

Le roi se sent bientôt à l'étroit dans son domaine personnel

Une deuxième fête majestueuse, le Grand Divertissement royal, qui se tient le 18 mai 1668, convainc Louis que le château de son père est trop petit pour accueillir plusieurs centaines d'invités. C'est le signal de la transformation du « château de cartes » – ainsi nommé pour ses briques rouges et ses ardoises noires, qui évoquent un jeu de cartes – de Louis XIII en palais du Roi-Soleil. Un château neuf aux façades de pierre blanche voit le jour, des ailes sont ajoutées. Les grands appartements de la reine et du roi sont érigés, reliés par une terrasse, d'abord à ciel ouvert, qui va être couverte après la guerre de Hollande (1678), devenant la fameuse galerie des Glaces.

Ne dérogeant pas à ses habitudes, Louis XIV tient à être tenu au courant de tout, tout le temps. À Colbert, qui demande s'il doit lui faire parvenir des relations longues ou brèves sur l'avancement du chantier, le propriétaire répond sans ambages : « De longues. Le détail de tout. » Le moindre plan, la moindre idée doit obtenir son aval. Quand il se rend sur le chantier, architectes et paysagistes se tiennent au garde-à-vous, suspendus aux lèvres du monarque. Leur crainte : que ce dernier décide, à tort ou à raison, qu'une fenêtre est trop basse ou qu'une perspective ne correspond pas à ses attentes. Quand cela arrive, il n'y a point de salut : il faut corriger le problème. Le roi ne laisse rien passer.

Combien ça coûte ?

La construction du château de Versaill
a-t-elle ruiné la France ? Si certain
mémorialistes contemporains du Grand
Roi s'interrogent déjà sur le coût d'un tel palais, c'est pendant la Révolution que naît véritablement cette polémique, qui va ensuite faire florès sous la plume des historiens de la IIIe République. Versailles coûte cher, c'est indéniable. Aujourd'hui, le prix de la construction est estimé à 82 millions de livres. Mais ce chiffre, bien éloigné au demeurant du milliard évoqué par Mirabeau en 1790, s'étale sur plus de cinquante années. Le coût de Versailles reste donc modeste, puisqu'il ne représente « que » entre 1 % et 6 % du budget de l'État, selon les années. À titre de comparaison, rappelons que l'armée engloutit alors parfois jusqu'à 50 % de ce même budget.

Vue du château et des jardins de Versailles prise de l'avenue de Paris en 1668.

Des travaux qui n'en finissent plus

Même les bâtiments terminés ne sont pas à l'abri des caprices du Roi-Soleil. La belle-sœur du roi, la princesse Palatine, s'en plaint dans les lettres qu'elle envoie à toutes les cours d'Europe : « Il n'y a pas un endroit à Versailles qui n'ait été modifié dix fois ! » L'esprit italien des débuts ne plaît plus au roi à partir des années 1680. La fameuse grotte de Téthys est rasée et ses statues déplacées, afin de laisser la place à l'aile du nord, qui consacre le triomphe du style classique français.
Confrontée à d'incessants travaux et aux modifications que connaît le palais, la cour, qui s'installe définitivement sur place à partir de 1682, n'a d'autre choix que de vivre au milieu des échafaudages brinquebalants et des ouvriers en sueur. Ces derniers paient d'ailleurs un lourd tribut : ils sont des milliers à mourir de la malnutrition ou du paludisme qui frappent régulièrement le chantier.

Paris ne peut que s'effacer devant sa nouvelle rivale

Ce déménagement permanent de plusieurs milliers de personnes vers le palais signe l'acte de décès de la paisible petite retraite familiale des années 1660. Au fur et à mesure que la construction avance, Versailles est devenu le centre névralgique du royaume. Si Paris, que le roi a abandonnée depuis 1671, reste la capitale officielle de la France, les décisions se prennent exclusivement dans ce château de Versailles qui, non content d'être le centre culturel et artistique du pays, abrite le siège du gouvernement. Flagorneurs, ambitieux et comploteurs ne s'y trompent pas : comme des papillons attirés par la lumière, ils se pressent à Versailles, dans l'espoir d'obtenir une charge ou un titre, une pension ou une récompense.
Pour subvenir aux besoins de ces milliers de courtisans, une ville sort de terre autour du palais. Auberges, écuries, bains… Tout est prévu pour accueillir ceux qui ne peuvent pas se loger au château. Les bâtiments qui forment cette agglomération se soumettent à un cahier des charges bien précis : hauteur des habitations, largeur des routes… Tout est fait pour que la magnificence du palais ne soit pas occultée et les perspectives protégées.

Vue de l'Orangerie et du château de Versailles depuis les hauteurs de Satory.

Versailles doit être une nouvelle Rome

Mais la grandeur de Versailles ne s'arrête pas aux frontières du royaume. Le roi voit son palais comme une nouvelle Rome, censée éclairer le reste de l'Europe. L'antiquité est alors le modèle suprême, et il n'est pas étonnant que Versailles soit vite envahi de statues représentant des personnages ou des scènes de la mythologie antique. Pas plus que ne le sont les tableaux et tapisseries qui ornent le palais, sur lesquels le roi apparaît là en Apollon, ici en Alexandre le Grand. Cette référence antique dépasse le simple cadre artistique : Louis XIV se présentant comme le « monarque universel » qui, en héritier de l'empire romain, doit unir la chrétienté sous une seule bannière, il lui faut une capitale aussi prestigieuse que le fut celle des Césars.

La galerie des Glaces du château de Versailles.

LE TRIOMPHE DU CLASSICISME FRANÇAIS

1665. L'immense, le glorieux Bernin, le plus grand sculpteur et architecte de son temps, est invité à Paris pour réaliser une façade du Louvre, le palais traditionnel des rois de France. Accueilli comme un prince étranger, le *cavaliere Bernini*, alors âgé de soixante-sept ans, est ébloui par le jeune monarque français. En présence de la cour, il pose lui-même la première pierre du chantier, avant de rentrer à Rome, persuadé que le palais des rois de France portera sa marque. Mais à peine Gian Lorenzo Bernini a-t-il quitté Paris que Colbert, surintendant des bâtiments, balaie d'un revers de la main les plans du génial architecte et convainc Louis XIV d'opter pour une autre solution. Le baroque italien, affirme le ministre, n'est pas fonctionnel !

Vue intérieure des Grands Appartements à Versailles : maquette de l'Escalier des ambassadeurs ou Grand Degré du roi.

Le style italien passe de mode

Colbert ne prend pas de risque : le style baroque, importé au XVIe siècle pendant les guerres d'Italie, et qui a connu son apogée sous Catherine de Médicis, n'a alors plus vraiment la cote en France. Trop exubérant et pas assez harmonieux, il commet aussi le double impair de rappeler l'Italie et surtout l'encombrante rivale espagnole. Bref, le baroque est trop étranger, et ne correspond plus aux goûts d'une élite française qui veut s'affirmer culturellement.

Avec l'accord du roi, les plans du Bernin sont oubliés, et la réalisation de la façade du Louvre confiée à des architectes français. Louis XIV, en effet, s'est laissé convaincre, après avoir découvert en 1661 le magnifique château de Vaux-le-Vicomte, réalisé pour le compte de Fouquet, que le style français, apparu au début du siècle, peut faire tout aussi bien que son équivalent transalpin. Et pour son propre château, sa petite retraite de Versailles, où il a mis au travail les créateurs de Vaux-le-Vicomte – le premier architecte du roi Louis Le Vau, le peintre Charles Le Brun et le jardinier André Le Nôtre – il a déjà rejeté un premier plan de château à l'italienne.

Le classicisme veut corriger les errements du baroque

Tandis qu'une poignée d'architectes réalise à Paris la colonnade du Louvre, Le Vau se met donc au travail à Versailles. Bien que baroque dans l'âme, le premier architecte met de l'eau dans son vin, comme il l'a déjà fait à Vaux-le-Vicomte. Au nom de l'ordre et de la raison, valeurs cardinales du règne, il favorise les grands ensembles géométriques, aux lignes pures et équilibrées, entre lesquelles règne une symétrie parfaite. Il use de colonnades, pilastres et statues pour évoquer cette antiquité gréco-romaine dont se réclame l'architecture depuis la Renaissance. Et laisse ainsi peu de place aux surcharges d'effets typiques du baroque. Louis Le Vau n'est pas le créateur de ce classicisme français. Mais en travaillant à Versailles, bientôt universellement reconnu comme le plus beau palais d'Europe, il achève de graver dans le marbre les règles de ce style architectural, et lui donne ses lettres de noblesse.

Le palais d'origine s'agrandit

Entre 1665 et 1670, Le Vau multiplie par trois la superficie du bâtiment laissé par Louis XIII. Il réalise notamment « l'enveloppe », une suite d'ailes qui, sans modifier le vieux « château de cartes », augmente considérablement la capacité d'accueil du bâtiment. Les appartements du roi et de la reine sont édifiés, reliés par une terrasse qui deviendra par la suite la fameuse galerie des Glaces. En même temps, des dizaines de logements sont rajoutés au château, afin d'accueillir les courtisans invités aux fêtes royales. Les jardins ne sont pas en reste puisque, alors que l'architecte érige la grotte artificielle de Téthys et que Le Nôtre planche sur l'Orangerie, on commence à creuser le Grand Canal, sur lequel voguera bientôt une véritable flotte, comprenant une galère et même une frégate à taille réduite !

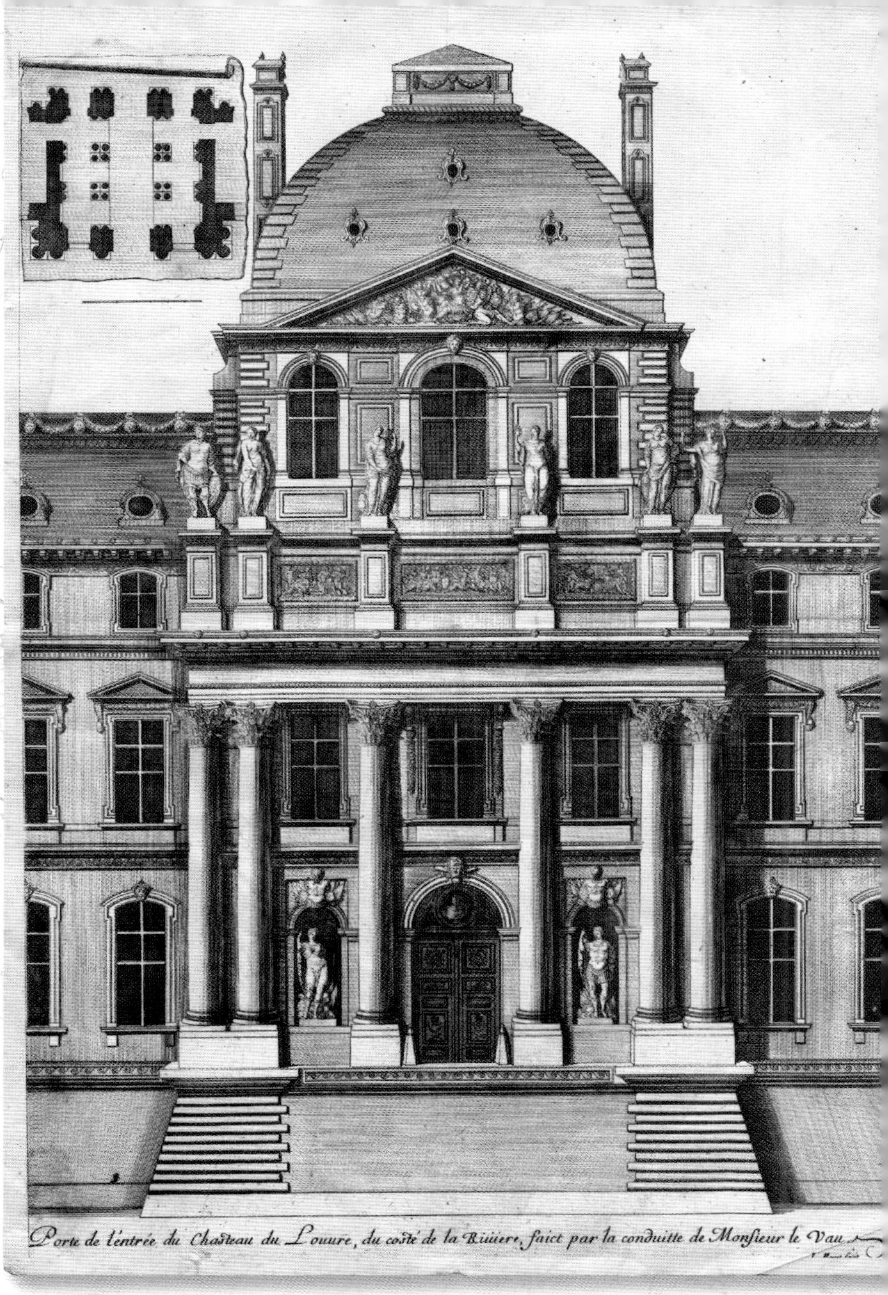

Porte de l'entrée du palais du Louvre, du côté de la Seine, faite sous la conduite de Le Vau.

Premier projet pour le palais du Louvre, élévation de la façade principale, dessinée par l'architecte italien Le Bernin.

Le Vau s'éteint, mais sa vision demeure

Mais en 1670, le premier architecte décède, alors que Versailles est en pleins travaux. Il laisse de nombreux plans, confiés à ses successeurs. Ces derniers vont mettre en œuvre leurs propres idées, sans modifier l'esprit des plans de Le Vau. François d'Orbay, le premier d'entre eux, est peu connu, alors même qu'il laisse le monumental escalier des ambassadeurs en trompe-l'œil, réalisé avec l'aide du décorateur Charles Le Brun – et détruit par Louis XV.

C'est ensuite Jules Hardouin-Mansart qui reprend en 1678 la direction du chantier. Courtisan ambitieux, il veut briller aux yeux du roi en multipliant les aménagements grandioses. C'est lui qui réalise la galerie des Glaces et les salons de la Guerre et de la Paix, qui érige les Écuries et le Grand Trianon, et qui lance la construction de la chapelle, achevée en 1710. C'est aussi lui qui se débarrasse des derniers vestiges du baroque, « italianismes » définitivement passés de mode. En 1684, la grotte de Téthys, pourtant louée par les contemporains qui ont pu l'admirer, est rasée. Quand il s'éteint à son tour en 1708, Mansart laisse un château assez proche de celui que nous pouvons admirer aujourd'hui.

Jules Hardouin-Mansart, premier architecte et surintendant des bâtiments du roi.

Charles Le Brun, décorateur et communicant

Pendant que Le Vau et Hardouin-Mansart érigent le château de Versailles, un autre génie se charge d'aménager l'intérieur du palais : Charles Le Brun. Le peintre et sculpteur a, depuis la fin des années 1650, le respect de Louis XIV. À Versailles, travaillant auprès des architectes successifs, il dirige une légion d'artistes et d'ouvriers, qui s'évertuent à faire de ce lieu le plus beau palais de France.

Le premier peintre du roi est aussi le principal propagandiste du Grand Siècle. Quand il ne peint pas les succès d'un souverain représenté en Apollon ou en Alexandre le Grand afin d'agrémenter la galerie des Glaces, il réalise le décor en trompe-l'œil de l'Escalier des ambassadeurs, destiné à éblouir les dignitaires venus du monde entier...

Le modèle français plaît et s'exporte

Jamais terminé, toujours en construction, toujours modifié, le palais du roi de France n'en est pas moins une incroyable réussite. Il signe l'apogée du style classique français, qui veut transposer dans les arts cette raison jusque-là cantonnée à l'esprit. Par association, il devient le symbole de la supériorité du génie français et du monarque qui en est le plus brillant représentant. Ce modèle de propagande, resplendissant, applaudi par tous, y compris par les ennemis les plus acharnés de Louis le Grand, s'exporte vite dans le reste de l'Europe, où le classicisme, né en réaction au baroque, concurrence presque partout son rival.

Vue partielle du plafond de la galerie des Glaces, peint par Charles Le Brun.

LE JARDIN DU ROI ET LE ROI DES JARDINIERS

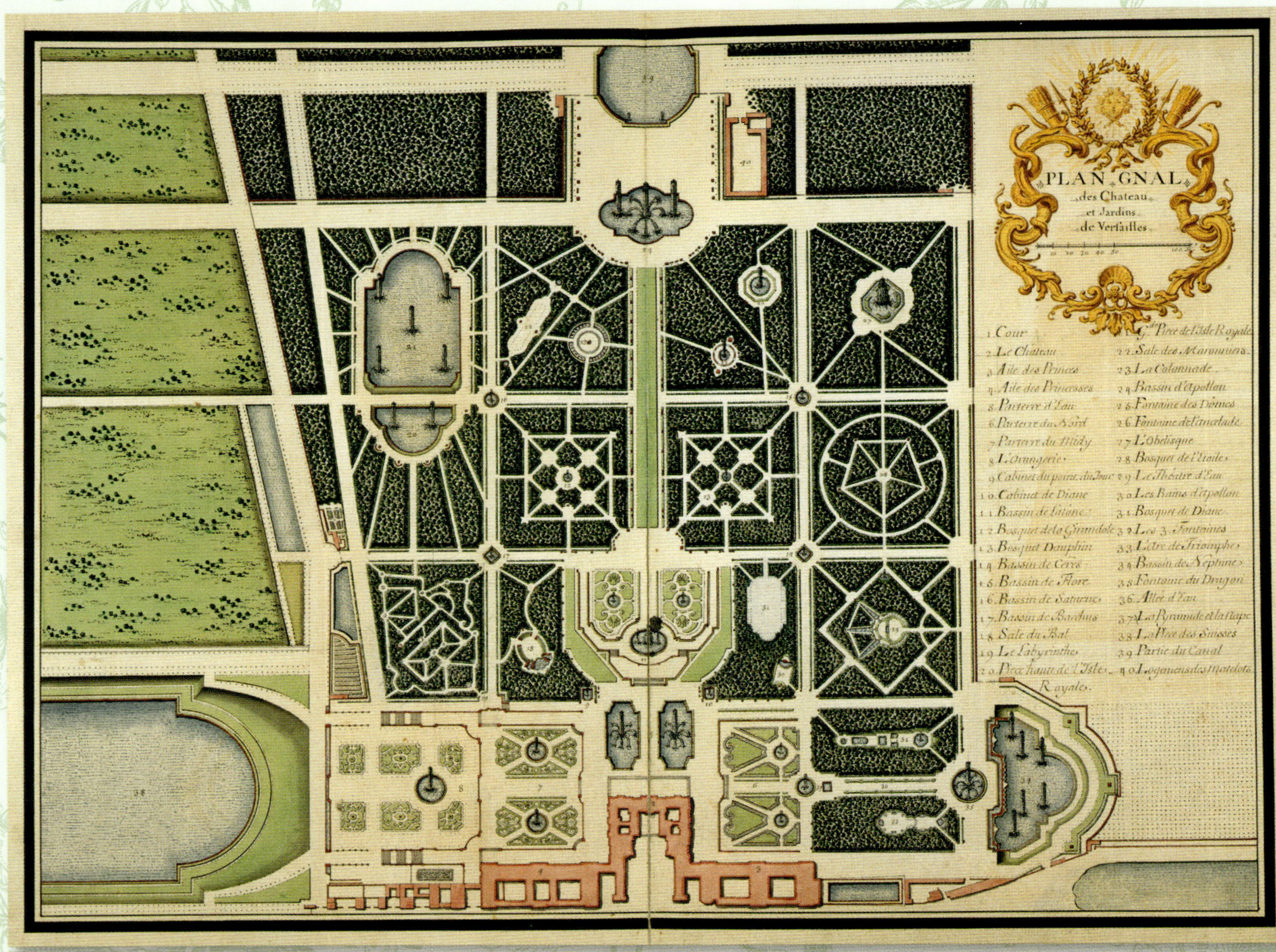

Plan général aquarellé des jardins de Versailles en 1720, établi pour Louis-Antoine de Pardillan, duc d'Antin, surintendant des bâtiments du roi.

Versailles, ce n'est pas seulement l'apogée architecturale française. C'est aussi celle des jardins à la française. On peut même dire que, dans cette affaire, les espaces verts précèdent les bâtisses : alors que Louis XIV hésite encore à modifier le palais de son prédécesseur, il lance une première campagne de rénovation et d'expansion des jardins versaillais. Et pour diriger l'opération, il choisit un autre vétéran de Vaux-le-Vicomte : André Le Nôtre.

UN DESTIN TOUT TRACÉ

Celui-ci a alors quarante-cinq ans. Fils et petit-fils de jardiniers royaux, il est lui-même dessinateur de plants et parterres. Un temps, le jeune André a tenté d'échapper à l'héritage familial en se destinant à la peinture. Apprenti auprès de Simon Vouet, premier peintre de Louis XIII, il étudie les mathématiques, la géométrie, le dessin, la perspective… Vient alors le moment de choisir une carrière. Le Nôtre hésite, puis fait marche arrière : ce sera sur des parterres et non sur des toiles qu'il développera son art. Sa carrière ne connaît alors plus d'accrocs : les Tuileries, le Luxembourg, Fontainebleau… Jusqu'à Vaux-le-Vicomte, première consécration qui attire sur lui l'attention du roi de France.

Maîtriser la nature pour créer de l'espace

À cette époque, la conception du jardin est en pleine ébullition : les jardins à l'italienne, jugés trop exigus, trop fermés, évoluent. On attache une importance grandissante à la perspective, aux pièces d'eau, aux formes géométriques. Le Nôtre, qui entend sublimer ce style naissant, a besoin d'espace. Qu'à cela ne tienne : à la tête d'une armée de plusieurs milliers d'ouvriers, il s'entête à maîtriser la nature. Le marais versaillais se transforme en canal. Les collines disparaissent, remplacées par des bassins et des parterres. Des milliers d'arbres sont acheminés depuis toute la France.

Perspectives monumentales et bosquets intimes

Une fois le terrain aménagé, Le Nôtre laisse libre cours à son talent. Parterres de fleurs géométriques, bassins qui jouent le rôle de miroirs et allées majestueuses constituent l'ossature du parc de Versailles. Les perspectives monumentales qui prennent ainsi forme sont corrigées : les arbres les plus éloignés du point central sont plus grands, les allées s'élargissent au fur et à mesure qu'elles s'éloignent du château. Le but est de jouer avec l'œil du visiteur. Plus qu'un lieu de promenade, cette ossature a vocation à être un paysage, la scène où se déroulent les grandes fêtes du début du règne. Autour de ces décors incroyables, le « roi des jardiniers » aménage des labyrinthes, des bosquets agrémentés de statues et de fontaines… Autant de lieux cachés et secrets, destinés à éveiller l'intérêt du promeneur, à offrir un peu d'intimité. Dans ces coins bucoliques, tables et bancs permettent aux visiteurs de pique-niquer, de discuter ou de se conter fleurette.

Vue du bosquet de l'étoile dans les jardins de Versailles en 1693.

Le « bonhomme Le Nôtre »

Le « roi des jardiniers » est un des rares membres de l'entourage du roi qui n'ait subi à aucun moment la disgrâce. Issu d'une famille du commun, il cultive une image d'homme simple et sans ambition qui plaît au roi et lui vaut le surnom de « bonhomme Le Nôtre ». Surtout, il s'échine à naviguer entre intrigues et complots, s'arrangeant pour ne jamais tomber sous la coupe d'un clan ou d'un autre. Anobli pour ses services, il choisit avec humour des limaçons pour ses armoiries. Manière de rappeler ses origines, et de prouver une fois encore qu'il n'est pas de ce monde versaillais. Mais en refusant de jouer le jeu de la cour, il est peu à peu mis à l'écart par Jules Hardouin-Mansart, qui prend à partir de 1693 la direction des jardins.

Les jardins engloutissent des quantités incroyables d'eau

Mais il existe un autre miracle dans le parc de Versailles : les fontaines, bassins et jets d'eau qui agrémentent les 8 000 hectares du domaine. À eux seuls, les 1 400 jets des jardins consomment, à l'apogée de Versailles, près de 6 300 m³ d'eau par heure. L'absence de cours d'eau majeur dans les environs du château pose, dès les années 1660, un problème. La multiplication des bassins artificiels, la construction de la « machine infernale » de Marly ne changent rien : les jardins ont la gorge sèche, et les fontaines ne fonctionnent généralement qu'à demi-pression…

Dans le parc du château de Versailles, vue perspective du parterre de Latone, prise de l'allée royale.

Quand un danseur étoile devient Roi-Soleil...

Louis XIV, dès la première décennie de sa vie, montre qu'il a l'âme et l'étoffe d'un danseur étoile et qu'il adore cet art, plus que tous les autres. Il tient ce goût, curieusement, de Louis XIII qui n'aime rien tant que régler lui-même certains des ballets de cour pour lesquels il s'entraîne. Dès l'âge de huit ans, comme son père, le jeune roi qui joue de la guitare et du luth s'échauffe et apprend les rudiments de la danse. Il se produit pour la première fois en public à treize ans, dans le *Ballet de Cassandre* d'Isaac de Benserade.

En apparaissant à l'âge de quatorze ans costumé en Apollon dans *le Ballet royal de la Nuit*, Louis XIV se voit décerné le titre de Roi-Soleil.

Sa réputation de danseur dépasse les frontières de la France

Sorti vainqueur de la Fronde, effectuant sa rentrée solennelle dans la capitale après l'avoir fuie et pouvant agir triomphalement, Louis fait ses débuts sur les planches le 23 février 1653, devant sa mère et Mazarin. Dans *le Ballet royal de la Nuit*, ordonnancé par l'intendant du duc de Nemours, le jeune roi a pour partenaires Monsieur, son frère, les ducs d'York et de Buckingham et des danseurs professionnels. Le succès est au rendez-vous. Le ballet, sur un livret du même Benserade, des musiques de Cambefort, Boësset et Lambert, est redonné avec faste, à plusieurs reprises, et trente années plus tard, la cour et la postérité s'en souviendront encore, en soupirant, comme d'un âge d'or. De nombreux diplomates étrangers assistent aux représentations et propagent la réputation mondiale du monarque surgissant d'un monde de ténèbres en rayonnant danseur.

Le roi tient cinq rôles dans un même ballet !

Le spectacle se compose de quatre veilles (parties) avec des épisodes mythologiques et allégoriques. À la fin de la quatrième, les danseurs présents sur scène se retirent du plateau. Puis le Soleil Levant apparaît, annoncé par le récit de l'Aurore qui, dans son char, porte la rosée et les douze heures du jour et déclame : « Le Soleil qui me suit, c'est le jeune Louis/La troupe des astres s'enfuit/Dès que ce Grand Roi s'avance/Les nobles clartés de la Nuit/Qui triomphaient en son absence/N'osent soutenir sa présence/Tous ces volages feux s'en vont évanouis. » Le jeune roi qui tient cinq rôles en cette histoire danse ensuite, radieux et triomphateur, le Grand Ballet final, accompagné des génies de l'Honneur, de la Grâce, de l'Amour, de la Valeur, de la Victoire, de la Renommée, de la Justice et de la Gloire. Pour cela, il réapparaît au final, habillé en Soleil Levant.

Costume de « La Guerre » pour Louis XIV qui dansa ce rôle au printemps de l'année 1654 dans le *Ballet des noces de Pelée et de Thétys* de Lully et Isaac de Benserade.

Représentation de la tragédie lyrique *Armide* de Lully et Philippe Quinault en 1686 à l'Opéra de Paris.

À regret, il abandonne sa passion pour les affaires de l'État

Une gouache à la mine de plomb rehaussée d'or, célébrissime, due à un auteur inconnu et reproduisant Louis XIV en Apollon au visage reconnaissable, date de cette éblouissante apparition sur les planches. Le portrait souligne l'équilibre du monarque. La couleur dorée met en évidence l'éclat de l'astre resplendissant. Dans la peau d'Apollon, dieu du Soleil et des Arts, le jeune roi dégage une lumière physique et intellectuelle, artistique et spirituelle. Qui, dit-il, établit que « la nation ne fait pas corps en France, mais réside tout entière dans la personne du roi ». Du soleil, Louis XIV fait son emblème favori et, de la danse, sa passion pour la vie. En témoignent la fondation, en 1661, de l'Académie royale de Danse et celle, en 1669, de l'Académie royale de Musique. Mais, bientôt, avec l'éclosion des arts, la danse devient affaire de professionnels, tandis que Louis est obligé de consacrer de plus en plus de temps aux affaires de l'État. En 1670, à trente-quatre ans, le roi danse donc pour la toute dernière fois dans la comédie-ballet de Molière et Lully *les Amants magnifiques* dans le double rôle de Neptune et d'Apollon. Brillant de mille feux, il effectue une sortie de scène remarquée, sur la pointe des pieds. Celle-ci fige à jamais l'image d'un souverain ayant tout compris du pouvoir des illusions et du vertige des apparences, qui lui permettent de fasciner une noblesse indisciplinée et de transcender l'univers.

Louis, gravure de mode

Louis XIV fut le premier souverain français à s'habiller somptueusement, à lancer une mode, à lancer la mode. De son apparence, tirée à quatre épingles, il fait une loi et une nécessité.

Il lance la mode des perruques

Il y a plusieurs périodes dans la façon de se vêtir de Louis XIV. D'abord, jeune et séduisant, il aime, à l'exemple de son frère, se parer de pompons et de fanfreluches, de colliers et de bijoux et parader en faisant le beau. Plus tard, avec l'âge, lui viendront d'autres envies. Louis porte le chapeau, à plumes, et il convient de faire de même pour entrer à l'intérieur du château.
Louis porte aussi perruque, quoiqu'il ait de beaux cheveux bouclés qu'il perdra pourtant en partie à la suite d'une fièvre typhoïde. Pour sa chevelure foisonnante, son coiffeur, le sieur Benoît Binet, demeurant rue des Petits-Champs à Paris, invente les perruques dites à fenêtres, c'est-à-dire comportant des ouvertures qui laissent échapper des flots de cheveux mêlés aux faux de même teinte que des assistants partent récupérer, parfois même sur les morts, à travers le royaume. Le souverain change de perruques comme de chemises, de six à dix fois par jour, et en possède des dizaines et des dizaines. Du matin au soir, elles vont en grandissant pour finir par doubler de volume. On les affuble du surnom de « binettes », terme qui restera, dans le langage populaire, pour désigner une tête étrange.

Costume de l'époque de Louis XIV.

Des styles vestimentaires remarquables et remarqués

Des centaines de mètres de rubans égaient sa tenue. Les courtisans font de même, dans le but non pas d'égaler le roi mais de se faire remarquer par Sa Majesté et de pouvoir ainsi, en entrant dans le champ de vision royal, demander pensions et prébendes. La rhingrave est l'accessoire indispensable de l'habillement de Louis XIV. C'est une sorte de jupe en forme de petit tonneau rigide sur lequel est fixé un haut-de-chausses bouffant montant jusqu'à la ceinture et se poursuivant par un pourpoint court à manches fendues sur les côtés et qui s'arrêtent aux deux tiers des bras. L'ensemble croule sous les dentelles et les broches en forme de papillons ou d'oiseaux d'or. Les chaussures longues et à bouts carrés s'agrémentent, pour ne point se salir dans la boue et les ruisseaux, de hauts talons qui n'existent que de couleur rouge, depuis que Monsieur les a mis en vogue, au retour d'un bal à Paris où il avait pataugé dans le vin et le sang. La couleur est restée. Les chaussures disparaissent sous des flots de rubans qui obligent à marcher les jambes quasiment écartées.

Les accessoires se multiplient

Les perruques deviennent de plus en plus lourdes et volumineuses. Elles poussent le roi à abandonner le chapeau. Puis les rubans se raréfient. La mise se simplifie. La rhingrave et rubans sont abandonnés, au profit d'une culotte collante, serrée par une jarretière sous le genou. Ce qui rend le roi coquet et lui fait attacher beaucoup d'importance à ses mollets. Prenant de l'embonpoint, Louis préfère le costume militaire. Et s'accessoirise de gants, canne, mouchoirs, tabatière et montre. Sous l'influence de Madame de Maintenon, à partir de 1700, par économie et simplicité, Louis délaisse la soie pour le coton et préfère ses costumes agrémentés de douzaines de boutons.

Tout le monde se maquille

Pour parachever le tableau, si l'on ose dire, le roi et la cour se passent une épaisse couche de blanc de céruse sur le visage. Il importe, en effet, dans la pénombre des siècles passés, que cette crème donne de l'éclat à leur teint et les fasse briller à la lueur des bougies.
À eux de voir, et surtout d'être vus et remarqués par le monarque ! Pour cela, il faut donc étinceler, afin d'accrocher son regard. Les lèvres sont enduites de rouge cerise et les joues de rose groseille. Ainsi pommadés, les courtisans ne passent pas inaperçus. Et, d'une certaine façon, jouent au carnaval.

Un grand amateur de théâtre

Louis XIV entend bien montrer aux courtisans qu'il est le maître du monde après Dieu. Il veut que la noblesse comprenne qu'il est le seul et unique ordonnateur d'un royaume, en lequel il contrôle et orchestre les plaisirs et les guerres. Animé d'une sincère passion pour les arts encouragée par son parrain Mazarin, qui possède une collection d'œuvres impressionnante, le jeune roi adore les beaux textes et comprend vite que de fastueuses mises en scène représentent un moyen de transfigurer le réel et d'asseoir son absolutisme. Le roi règne sur les arts, avec les arts et pour les arts.

Le roi récompense des artistes au statut de proscrits

Louis XIV commence donc par protéger la troupe des Comédiens italiens qui devient la troupe des Comédiens ordinaires du roi. Il encourage aussi le Napolitain Tiberio Fiorilli, premier comédien, issu de la Commedia dell'arte, à jouer Scaramouche en France, et lui donne l'autorisation de s'installer, d'abord au Petit-Bourbon, près du Louvre, en partageant plus tard les lieux avec l'Illustre Théâtre de Molière, puis au Théâtre de Bourgogne. Le petit Louis a tant ri, enfant, de ses mimiques exécutées en compagnie d'un chien et d'un perroquet qu'il réclame de le voir parader tous les jours, jusqu'aux quatre-vingts ans du saltimbanque.

Louis apprécie qu'on s'amuse autour de lui. Il s'en réjouit et s'en régale. Il aime à donner des fêtes. Celle des Plaisirs de l'île enchantée, en 1664, dure huit jours et fait date. Suivent la Princesse d'Elide, le Grand Divertissement total, les Fêtes de l'Amour et de Bacchus, parmi feux d'artifices et épreuves sportives, au cœur de créations architecturales éphémères et d'illuminations somptueuses devant lesquelles s'extasie la cour.

Louis XIV et Molière déjeunant à Versailles.

Jean-Baptiste Poquelin, dit Molière.

Molière devient l'auteur favori de Louis XIV

Louis remarque Molière chez Nicolas Fouquet, après l'avoir vu jouer en 1661 à Vaux-le-Vicomte *les Fâcheux* qu'il a écrit. D'emblée, le monarque porte beaucoup de considération à l'écrivain et comédien qui le lui rend bien. Le roi, qui n'aime l'opéra que chanté en italien, accepte que des morceaux de musique accompagnent certaines des pièces de l'auteur. Comme dans *le Mariage forcé*, créé avec Jean-Baptiste Lully. Dès 1663, Molière obtient d'importantes gratifications du roi. Cette année-là et celle qui suit, elles représentent le tiers des bénéfices de la troupe. L'auteur qui écrit un *Remerciement au roi* garde sa gratification annuelle jusqu'à sa mort. Jamais la protection du souverain qui, devant la cour réunie, lui manifeste son attachement et le traite avec amitié à sa table, ne se dément. À la demande de l'archevêque de Paris, *Tartuffe* est pourtant, malgré Louis, interdit en mai 1664. Mais le monarque ne gronde point à l'encontre de son auteur. Il est même, secrètement, assez content de voir ainsi fustigées les mœurs de ceux qui lui reprochent ses frasques et ses fastes. En 1674, un an après la mort de Molière, la cour de marbre et la grotte de Thétys servent de décors pour l'*Alceste* de Lully et *le Malade imaginaire* de Molière, que le roi fait représenter pour honorer la mémoire de l'homme de théâtre.

Racine est invité au chevet du roi

Monarque absolu à chaque instant, Louis XIV se montre étonnamment ouvert aux artistes. Mille deux cents tragédies et comédies sont représentées à la cour sous son règne ! Aucune salle n'étant attribuée et réservée aux spectacles, le roi réunit les troupes et crée la Comédie-Française, troupe unique du roi, en 1680. Tout autant que Molière, Louis XIV apprécie Corneille, installé à la cour à partir de 1664, et surtout Racine, dont il fait son historiographe officiel et qu'il promeut gentilhomme ordinaire de la chambre du roi. Ainsi membre du très restreint cercle qui reste auprès du monarque jusqu'à son sommeil, Racine devient indispensable à la cour. Pourtant, après avoir déjà écrit plusieurs chefs-d'œuvre comme *Alexandre le Grand*, *Andromaque*, *Britannicus* ou *Iphigénie*, celui qui est considéré comme le rival de Corneille feint la modestie et, quand le roi lui demande, depuis son lit, qui est le plus grand auteur de ce temps, il nomme sans hésitation le regretté Molière.

Jean Racine.

Agrippine et Britannicus, Oreste et Hermione, personnages des pièces de Racine *Britannicus* et *Andromaque*.

Une période de renaissance de l'art théâtral

Cette période florissante pour les auteurs de théâtre a été rendue possible par le père du Roi-Soleil, Louis XIII, lui aussi amateur de tragédies et de comédies. Louis le Juste a été jusqu'à réhabiliter en 1641 la profession de comédien. Jusqu'ici, le statut social des « saltimbanques » n'était guère enviable. Pour la noblesse, ils n'étaient que des amuseurs publics vulgaires et sans talent, quand l'Église les considérait comme des débauchés, tout juste bons à réveiller dans le public les plus condamnables passions. Pire, les spectateurs eux-mêmes n'avaient pas grand respect pour les comédiens, copieusement moqués et chahutés lors des représentations. Les mentalités changent donc dans la première moitié du XVIIe siècle, et le théâtre, considéré comme plus respectable, voit apparaître ses premiers très grands auteurs, comme Corneille, dont la pièce *le Cid*, jouée pour la première fois en 1637, remporte un succès incroyable.

Lorsqu'il prend le pouvoir, Louis XIV, qui a grandi dans cette période d'essor du théâtre, n'est donc que le continuateur de l'action de son prédécesseur. Surtout, le roi ignore, ou feint d'ignorer, les tabous qui entourent encore la profession de comédien. Et si la cour s'agite d'abord, lorsque le souverain gratifie et protège des gens de théâtre, elle n'a d'autre choix que de s'y habituer, puis de faire pareil, afin de marcher dans les pas du maître du royaume. Et voilà bientôt le roi de France parrain de l'enfant de Molière, tandis que Bossuet, évêque de son état, applaudit les représentations des deux mains.

Le comédien Montfleury.

Floridor, Du Parc et les autres

Si l'on se souvient aujourd'hui surtout de Molière, le Grand Siècle ne manque pas d'acteurs de talent. Fils ou filles de comédiens, petits nobles sans le sou ou épris de liberté, tous commencent par arpenter la France au sein d'une troupe itinérante, avant d'essayer de rejoindre un théâtre.

Comme Jean-Baptiste Poquelin, ils adoptent des noms de scène. Et deviennent parfois des célébrités. Josias de Soulas, dit Floridor, a ainsi l'honneur d'être le premier à jouer plusieurs rôles principaux des pièces de Corneille puis de Racine. Marquise-Thérèse de Gorla, surnommée Mademoiselle Du Parc, rejoint tour à tour les troupes de Molière puis de l'Hôtel de Bourgogne, faisant tourner les têtes partout où elle passe. Quant à Zacharie Jacob, dont le nom de scène est Montfleury, il est connu autant pour son embonpoint que pour sa voix formidable.

La parenthèse se referme

Ce bouillonnement ne dure qu'un temps. Le premier coup de semonce est venu, on l'a vu, en 1664, quand le roi n'a eu d'autre choix que d'admettre, à contrecœur, l'interdiction de *Tartuffe*. Mais c'est surtout après la mort de Marie-Thérèse et les épousailles avec Madame de Maintenon que l'ambiance évolue. Ce que le parti des dévots n'a pu réussir en vingt années, la nouvelle épouse le fait en quelques mois : Louis, désireux de mettre derrière lui ses excès, se désintéresse peu à peu du théâtre. Bien qu'il accorde toujours sa confiance à Racine et qu'il continue à financer des comédiens, le monarque n'assiste plus à leurs représentations. Et comme ce que le roi fait devient une mode, la princesse Palatine peut, en 1702, se lamenter : « Depuis que le roi n'y va plus [au théâtre], c'est devenu un péché. »

Quant au statut des comédiens, il reste malgré tout stigmatisé. Lorsque Molière s'éteint en 1774, sans avoir eu le temps de renier officiellement sa profession comme l'exige l'Église, son épouse doit remuer ciel et terre pour que l'auteur ami du Roi-Soleil ait droit à un enterrement religieux, en présence d'un curé, mais en pleine nuit…

Représentation de la pièce *Esther* de Racine, « Esther devant Assuérus » ou « L'évanouissement d'Esther ».

La vie à Versailles

Avec son souverain obsédé par le contrôle, ses rituels millimétrés, son faste inouï et sa cour qui rassemble les plus grands noms du plus grand des royaumes, il serait normal d'imaginer que Versailles est un palais on ne peut plus ordonné. Une machine bien huilée où, grâce à une étiquette toujours plus stricte, les anicroches n'existent pas. Un monde à part, aux antipodes de ces rues parisiennes chaotiques que le roi de France évite autant que faire se peut. La réalité, là encore, s'éloigne sensiblement de la fiction... Si la vie du roi est réglée comme une horloge suisse et son emploi du temps immuable, il n'en va pas de même pour les milliers de courtisans et de serviteurs qui peuplent ce gigantesque domaine.

Près de 7 000 courtisans résident au palais

Combien sont-ils, ces habitants de Versailles qui gravitent autour du Roi-Soleil ? En 1715, on estime le nombre de courtisans à près de 7 000 personnes, qui se répartissent entre le palais lui-même et les bâtiments annexes : grand commun, grandes écuries… S'y côtoient les plus prestigieuses familles du royaume et d'obscurs nobliaux de province aux titres plus que douteux. Des écrivains renommés et des gratte-papier sans talents qui espèrent obtenir une gratification. Dans cette foule bigarrée, de jeunes dévots croisent de vieux libertins, tandis que des jansénistes saluent des protestants et des catholiques.

Première promotion des chevaliers de l'ordre de Saint-Louis par Louis XIV à Versailles le 8 mai 1693.

On se bat pour obtenir un logement

Accueillir et loger tout cet équipage se révèle vite impossible, tant les logements manquent au palais. Les chambres et appartements de maîtres sont d'ailleurs réservés aux courtisans qui peuvent justifier d'une charge auprès de la famille royale. Une charge, c'est un titre officiel, qui signifie que son possesseur est au service direct du roi ou d'un de ses proches, et a donc besoin d'un appartement sur place. Confronté à l'explosion du nombre de courtisans, et après les agrandissements successifs du palais, Louis XIV en est réduit à créer des charges dont le titre laisse rêveur : « gouverneur des carpes » ou « coureur de vin ». Ils sont environ 3 000 à bénéficier de cet avantage. Les logements mis à disposition restent généralement sommaires. Si certains comprennent antichambre, cuisine et garde-robe, la majorité se résume à des chambres inconfortables, mal insonorisées et mal chauffées.

Le Bichon poudré, caricature du courtisan au XVIIe siècle.

Jouer à quitte ou double

Les jeux sont une des occupations favorites des courtisans versaillais. Le roi, lui-même grand amateur de billard, organise des soirées d'appartement, au cours desquelles on s'essaie au joc, au brelan, au lansquenet… Les jeux de hasard, théoriquement interdits, y ont la cote, sans que personne ne s'en offusque. Et pour cause : Louis XIV n'est pas mécontent de voir les nobles français dépenser leurs fortunes – et leur énergie – autour d'une table de jeu ! Entre ces dépenses ludiques, le prix des logements et des repas et le coût des charges officielles, de nombreux membres de la cour se ruinent en vivant à Versailles…

Les galopins de Versailles

Deux choix s'offrent à ceux qui n'ont pas la chance de posséder une charge : trouver une bonne âme chez qui s'inviter, ou quitter le château pour la nuit. Les courtisans qui en sont réduits à cette solution sont nommés les « galopins ».

Parmi eux, ceux qui viennent de Paris et de sa région peuvent, comme Madame de Sévigné, faire l'aller-retour, certes interminable et peu confortable, mais économe. Les autres doivent résider dans la ville qui est sortie de terre autour du château. Soit dans un hôtel particulier luxueux s'ils en ont les moyens, soit dans une auberge.

Le roi ne nourrit pas tout le monde

Autre souci : comment nourrir tout ce beau monde ? Être nourri aux frais de la princesse, ou ici, du roi, est un privilège rare, qui ne concerne que les courtisans les plus honorés. Les autres doivent se débrouiller. Beaucoup grappillent quelques restes à l'issue des repas royaux préparés, il est vrai, comme s'il devait nourrir des régiments entiers. Certains commandent leur dîner dans les auberges de la ville. D'autres, comme le duc de Saint-Simon, bénéficient d'appartements équipés d'une cuisine et d'un salon, et mangent donc chez eux. Au risque de voir quelques pique-assiettes s'inviter à chaque repas !

Louis XIV devant la grotte de Thétys à Versailles.

Le château a des allures de fourmilière

Évidemment, ce ne sont pas ces milliers de courtisans qui assurent le fonctionnement du château, mais une armée de serviteurs et de domestiques au statut plus ou moins enviable. En haut de cette échelle, on trouve premiers valets, pages et maîtres queux. Des gens qui, par leur fonction ou leur proximité avec la famille royale, n'ont rien à envier à beaucoup de courtisans. Ils ont pour eux la richesse et l'influence.
Viennent ensuite les milliers de domestiques qui assurent, jour après jour, le fonctionnement du palais. Deux mille officient dans les seules cuisines. En théorie nourris et logés par la Couronne, ils doivent parfois avoir recours au système D pour accomplir leur travail. Comme les courtisans, les domestiques font face à une pénurie de logements, qui les pousse à dormir sous les combles du château. Ils rivalisent avec le personnel venu de l'extérieur qui accompagne les visiteurs de province ou de l'étranger. Enfin, on trouve en bas de l'échelle les journaliers. Chaque matin, ils sont des dizaines à piétiner devant les grilles, dans l'espoir d'obtenir un travail. Leur domaine principal est le gigantesque jardin, où les besoins en main-d'œuvre changent avec les saisons.

Jeu de billard
sous le règne du Roi-Soleil.

Tenue correcte exigée pour les invités

Vu comme cela, difficile d'imaginer que ne régnait pas à Versailles un indescriptible capharnaüm ! Afin de compliquer les choses, il faut ajouter que, au milieu de ces innombrables serviteurs qui vont et viennent, chargés de colis, de victuailles ou de pots de chambres, entre les défilés de courtisans ennuyés ou enthousiastes, on peut apercevoir des gens du commun, des curieux désireux d'apercevoir le plus grand monarque de la chrétienté. C'est que le roi de France reste un personnage public. Du coup, Versailles, loin d'être une tour d'ivoire interdite aux Français, est un lieu public ouvert à tous. Une seule condition pour entrer : être en tenue de gentilhomme et posséder une épée à la ceinture. Bien heureusement, des petits malins louent, pour une somme modique, vêtements et fleurets. Il est alors possible de se promener à peu près partout. Y compris dans la chambre du roi s'il n'y est pas lui-même.

Reconstitution d'une chaussure de Louis XIV.

Les vols se multiplient, jusque dans les appartements royaux

Cette publicité des lieux ne va pas sans causer d'évidents soucis. Le moindre, c'est qu'il arrive à Louis XIV d'être pris à parti par un excité. C'est ainsi qu'une mère ayant perdu son fils à la guerre va jusqu'à noyer le monarque sous un flot d'injures. Dans ces cas-là, Louis, qui sait que la dignité de sa position doit être sauvegardée, se montre parfois coulant, souvent implacable. Surtout, le château devient un repaire de voleurs et de bonimenteurs. Tandis que les premiers s'activent à dérober tout ce qui peut avoir la moindre valeur – montres, draps, conduits de canalisation, argenterie... – les seconds parient sur la crédulité des courtisans pour se remplir les poches. Apprentis sorciers et empoisonneuses du dimanche ont ainsi leurs entrées, que ce soit pour prédire l'avenir ou vendre des philtres à l'efficacité contestable.
Si Versailles n'est pas la cour des miracles, l'augmentation des vols pousse le roi à recruter toujours plus de gardes... Et à multiplier les espions qui, lorsqu'ils ne consignent pas les moindres faits et gestes des visiteurs, écoutent aux portes et ouvrent les lettres des courtisans. Les intimes du Roi-Soleil ne sont d'ailleurs pas épargnés, telle Madame de Montespan, impliquée dans l'affaire des Poisons.

L'accueil du Grand Condé
à Versailles par Louis XIV.

La journée du Soleil

Nulle part ailleurs qu'à Versailles Louis XIV n'a mieux mérité son titre de Roi-Soleil. Comme l'astre dont il a fait son emblème, il cadence la vie de la cour, qui n'agit que selon les règles que le roi impose. Et s'il peut sembler étonnant, étrange ou insupportable que le monarque soit si souvent suivi et observé, depuis sa chaise percée jusqu'à son souper, il ne faut pas oublier que c'est lui-même qui a décidé du fonctionnement de la cour.

TOUT LE MONDE OU PRESQUE PEUT VOIR LE ROI

Depuis son lever entre 7 h 30 et 8 heures jusqu'à son coucher à 23 h 30, le roi de France se soumet au regard des autres. Celui de la cour versaillaise, évidemment, mais aussi celui de tout un chacun : malgré son statut d'intermédiaire direct de Dieu sur Terre, Louis XIV n'est ni un satrape perse, ni un empereur mongol. Pour peu qu'un homme du commun soit habillé correctement et, éventuellement, prêt à graisser la patte d'un des cent-suisses (soldats affectés à la garde des rois de France) ou d'un huissier, il peut assister, coincé entre quelques ducs et marquis poudrés, au repas d'Apollon.

UN EMPLOI DU TEMPS CHRONOMÉTRÉ

Au cours de cette longue journée, le roi ne s'octroie que quelques heures d'une solitude toute relative, loin de la foule des courtisans et quémandeurs. Pendant ces heures, il chasse ou converse avec ses proches. Mais il se consacre aussi aux affaires de l'État, que ce soit au cours d'interminables conseils des ministres, ou par des discussions informelles avec ses conseillers les plus importants. Loisirs, labeur ou apparitions publiques… L'emploi du temps de Louis XIV est réglé comme du papier à musique. « Avec un almanach et une montre, on peut à 300 lieues de lui dire ce qu'il faisait », affirme le duc de Saint-Simon.

Le Roi-Soleil reçoit dans la galerie des Glaces à Versailles.

LA LONGUE LITANIE
DES REQUÊTES

Quand il ne se consacre pas à la direction du royaume ou à ses plaisirs, le Roi-Soleil est le personnage principal de cette gigantesque pièce de théâtre qui se déroule, jour après jour, dans les couloirs de Versailles. Les spectateurs que sont les courtisans attendent la moindre de ses apparitions, afin, parfois, de jouer un rôle à leur tour, en essayant de donner la réplique au maître des lieux. Quelques-uns s'illustrent dans le registre tragique : « Sire, Marly… », supplient pitoyablement ceux qui veulent accompagner le roi au petit château où il aime se détendre. D'autres s'en sortent mieux en misant sur l'humour et l'éloquence. Un bon mot ou une phrase bien placée attirent plus volontiers l'attention de Sa Majesté que des suppliques.

Le roi Louis XIV donnant audience aux plus pauvres de ses sujets.

LE ROI CONTRÔLE TOUT

La réponse aux demandes est quasiment immuable. Fendant la foule, n'oubliant jamais de saluer les dames qu'il croise en ôtant son chapeau, le roi, après avoir écouté une requête, lance un sec : « Je verrai » et reprend son chemin. Ce n'est pas qu'une formule : autant que faire se peut, Louis utilise sa formidable mémoire pour se souvenir des désirs de chacun. C'est que Sa Majesté aime connaître l'état d'esprit de sa cour, afin de mieux la contrôler. Et pour ça, il va jusqu'à faire lire la correspondance de son entourage. La Grande Mademoiselle, cousine germaine du roi, s'en amuse, ajoutant dans une lettre qu'elle envoie une requête au ministre Louvois, ouvreur de courrier quasi officiel : « Je le prie en ouvrant mon paquet d'y mettre un mot de conseil pour mes affaires. »

UNE ÉTIQUETTE PESANTE
MÊME POUR SON CRÉATEUR !

En apparaissant continuellement aux yeux de tous, le roi veut donner l'exemple du gentilhomme. En multipliant les règles, il espère tuer dans l'œuf toute ambition chez les grands du royaume, trop occupés à se disputer sur des questions futiles. Mais ce contrôle permanent devient bientôt le fond du problème. Et Louis, qui doit sans cesse jouer le rôle épuisant de monarque divin, est la première victime de l'étiquette stricte qu'il instaure à Versailles. Avec l'âge, le Grand Roi supporte en effet de moins en moins le système qu'il a lui-même mis sur pieds. De plus en plus, il tente d'y échapper en se rendant au château de Marly. Ses successeurs suivront d'ailleurs son exemple : Louis XV et Louis XVI feront tout leur possible pour échapper au lourd cérémonial créé par leur ancêtre.

« Sire, voilà l'heure »

Huit heures du matin. Le Premier valet, qui a passé la nuit au pied du baldaquin du roi, murmure à l'oreille de celui-ci : « Sire, voilà l'heure. » Cette formule signale le commencement de la journée publique du roi par le Petit Lever, la première de cette longue succession de scènes qui rythment la vie de la cour. Afin de préparer ce Petit Lever, on s'active dans les coulisses de Versailles depuis plus d'une heure. Dans un silence respectueux, des serviteurs ont allumé un feu dans la cheminée royale, avant de retirer le lit du Premier valet. Au même moment, favoris, médecins et proches du roi, déjà sur leur trente et un, ajustent tenues et chapeaux, avant de se diriger vers la chambre de Sa Majesté.

Une armée de serviteurs attend le roi au saut du lit

Après avoir piétiné quelques minutes derrière la porte, tout ce beau monde est, peu à peu, autorisé à pénétrer dans le saint des saints. Dans un premier temps, l'entrée familière permet à la famille du roi, à son médecin et à son chirurgien de s'avancer. Tandis que les savants examinent le monarque, celui-ci échange quelques mots avec les princes de sang et enfants légitimés présents. Puis vient le temps de la grande entrée, qui voit défiler dans la chambre royale une douzaine de serviteurs aux titres ronflants : grand-maître de la garde-robe, officier de la Couronne… Ils sont accompagnés par quelques courtisans, quelques nobles seigneurs qui, en étant autorisés à entrer si tôt dans le domaine du roi, se voient gratifiés du plus insigne honneur.
Enfin, le souverain quitte son lit. Chacun des serviteurs présents entre en scène pour accomplir quelques gestes répétés des centaines de fois. Qui chausse les mules sur les augustes petons royaux, qui aide le monarque à enfiler sa robe de chambre… Chaudement emmitouflé, le roi est coiffé d'une perruque et rasé, et donc prêt à accueillir la cour.

Un gentilhomme français vers 1710.

Le Grand Lever voit défiler le gotha versaillais

Il est alors 8 h 30. Le Grand Lever peut débuter. Sont d'abord introduits les ministres d'affaires. Ces quelques heureux élus ont payé – très cher – le droit d'accompagner Louis XIV sur… sa chaise percée (ou chaise d'affaires) ! Moment important, au cours duquel le souverain discute, pour la première fois de la journée, de l'état du royaume. Ces « affaires » terminées, le roi autorise petit à petit le reste des soupirants à rejoindre sa chambre. Les ministres, officiers et pairs du royaume sont d'office autorisés à s'avancer. À l'inverse, les courtisans n'ayant pas un titre suffisant doivent se faire annoncer par un huissier et n'entrent qu'une fois que Louis a donné son accord, ce qu'il fait systématiquement. Cette règle de l'étiquette permet aux huissiers de porte d'empocher quelques menus pourboires, offerts par des seigneurs qui espèrent se faire annoncer avant tout le monde.

De l'art de faire de ce moment anodin une cérémonie quotidienne

Au total, c'est une centaine de personnes qui gravite alors autour du monarque. Ne parlant que lorsqu'ils y sont invités, les courtisans observent pendant une demi-heure le roi qui se fait habiller, qui avale son bouillon du matin, qui planifie les repas de la journée avec son officier de bouche, qui prie agenouillé sur le sol… A priori, toute cette cérémonie peut nous sembler bien ennuyeuse. Qui aimerait, aujourd'hui, observer pendant de longues minutes un homme au sortir de son lit ? Mais c'est là tout le génie de Louis XIV, qui arrive à transformer chaque moment anodin de sa journée en une cérémonie essentielle, à laquelle tout gentilhomme se doit d'essayer de participer.

Le « doux fleurant » en son palais

Bassin et pot utilisés dans une chambre de toilette à l'époque de Louis XIV.

Novembre 1686. Un roi de France affaibli par la « Grande Opération » de la fistule anale décide de faire ses ablutions. Ce bain est le deuxième de sa vie, et ce sera également le dernier : jusqu'à sa mort en 1715, Louis XIV ne s'est plus jamais trempé dans l'eau. Voilà l'histoire ressassée à tort et à travers pour prouver que le Grand Siècle n'est guère reluisant sur les questions d'hygiène, et que le Roi-Soleil ne brille pas par sa propreté ! En réalité, l'anecdote tient plus de la légende qu'autre chose. Mais elle colle à la réputation d'un Versailles dégoûtant, où courtisans et serviteurs se soulagent derrière un rideau et où personne ne se lave.

Des latrines publiques à Versailles

La réalité est en fait assez éloignée de cette image d'Épinal. D'abord, parce que, quand Versailles se construit, des latrines sont bien évidemment prévues. Toutes les chambres de taille respectable comportent un cabinet, doté d'une chaise percée. En dehors des logements, des serviteurs peuvent aussi fournir des seaux, si besoin est. Enfin, les visiteurs disposent de latrines publiques, réparties dans le château. Il est vrai que leur entretien n'est assuré que par intermittence, et que les résidents des logements proches se plaignent régulièrement des odeurs détestables qui s'échappent de ces lieux d'aisance. Il est vrai aussi que, de peur de manquer une apparition du roi, certains préfèrent effectivement uriner dans un coin plutôt que d'utiliser les lieux prévus à cet effet. Mais c'est l'exception plus que la norme.

La mauvaise haleine n'est guère appréciée

Pour ce qui est de la propreté, les courtisans sont encouragés à ne pas se négliger. Ceux qui ne disposent pas d'une baignoire privée peuvent en louer une au château, ou se rendre aux bains publics de Versailles, érigés par le roi en 1671. Ils doivent aussi entretenir leur haleine, en absorbant divers aliments et en faisant des bains de bouche réguliers. Le roi n'apprécie pas que l'on s'adresse à lui avec une mauvaise haleine, et fait tout son possible pour dissimuler son propre souffle nauséabond à l'aide d'un mouchoir parfumé.

Quelques bains et beaucoup de parfum !

Quid des bains ? Là encore, la légende de la saleté du roi est – en partie – infondée : Louis se lave… quand il faut ! Son rituel journalier est certes rudimentaire : le roi se passe un peu de vinaigre de vin sur le visage et se frotte le corps avec un linge imbibé d'alcool, avant de s'habiller. Pour ne pas trop sentir, il change de vêtements plusieurs fois par jour. Et surtout, utilise des quantités astronomiques de parfum, ce qui lui vaut le surnom de « doux fleurant »… Mais il arrive aussi au roi de se laver. Jeune, il adore se baigner dans des rivières. Adulte, il se plie à la volonté de ses médecins, qui lui prescrivent régulièrement des bains médicaux : si l'eau a la réputation de transmettre des maladies, elle peut aussi être curative, dès lors qu'elle est mélangée à des plantes médicinales. Il faut noter également que Louis XIV se fait installer à partir de 1675 un luxueux appartement des bains, même si ce dernier est destiné à la favorite du moment plus qu'aux ablutions du maître des lieux.

A beau cacher. On fait ses besoins où l'on peut, dans la France du Grand Siècle.

On observe le roi sur sa chaise percée

Louis n'est donc probablement pas ni plus ni moins sale que la plupart des courtisans versaillais. Et comme eux, son idée de la pudeur peut nous paraître bien étrange : le Roi-Soleil n'éprouve aucune gêne à faire ses besoins en public. Au contraire : les chanceux autorisés à discuter avec le monarque lorsqu'il va sur sa chaise percée sont enviés par le reste de la cour !

Une chaise percée de l'époque de Louis XIV.

Ni barbe ni poils

Loin d'être un signe de virilité, le port de la barbe est à cette époque unanimement rejeté par la noblesse. La barbe, disgracieuse et vulgaire, est l'apanage des paysans et autres ouvriers. Tous les deux jours, après son ablution du matin, le roi passe donc entre les mains de son barbier, chargé de raccourcir les poils ayant eu l'audace de pousser sur son auguste face, et de lui tailler la moustache « à la royale », c'est-à-dire très fine et aux pointes relevées. Il arrive même au roi, régulièrement, de se faire épiler de la tête aux pieds, afin d'être lisse comme un galet !

Le roi à table

Le roi de France aime manger, et il le fait savoir. Comme presque chacun de ses mouvements, ses repas sont observés par une foule de courtisans et de curieux. Ces derniers ne peuvent que s'extasier devant l'appétit du maître du royaume : à table comme à la guerre, *Ludovicus Magnus* voit grand !

Le Petit Couvert, privé mais pas trop !

Le premier véritable repas du roi est le Petit Couvert, qui débute à 13 heures. En théorie, ce repas est privé et décontracté : Louis profite de ce moment de répit pour écouter de la musique ou se faire faire la lecture. Dans les faits sont conviés les gentilshommes présents lors du Lever du roi. Ce qui peut correspondre à plusieurs dizaines de personnes ! Ces derniers doivent rester debout et maintenir un silence presque religieux, tandis que Louis prend place à une petite table carrée installée devant une fenêtre, dans sa chambre. Pendant son repas, il est courant que le roi interpelle un membre de l'audience. Charge à celui-ci de se faire remarquer par son esprit et son éloquence. Le menu, lors de ce dîner (c'est ainsi que l'on appelle alors le repas de milieu de journée), paraît presque sobre : le roi a généralement droit à un potage (c'est-à-dire un plat cuit dans un pot), d'entrées composées de tourtes, de légumes et d'un rôt (une viande rôtie). Une fois ces plats terminés, Louis XIV, toujours prévoyant, n'oublie pas de discuter du repas du soir avec un officier de bouche.

Le Grand Couvert : un repas de famille

Le repas du soir, ce Grand Couvert qui se tient dans l'antichambre du roi ou de la reine, est une tout autre histoire. Par son importance d'abord : cette fois, le roi ne mange pas seul, mais auprès de sa famille. Là encore, rien n'est laissé au hasard : sur une table ovale, Louis XIV décide à l'avance de la place de chaque convive. Évidemment, plus on est proche de Sa Majesté, mieux on se porte. En face de cette tablée, se trouvent, une fois encore, les spectateurs qui peuvent être jusqu'à cent cinquante. Si les femmes de haute naissance ont le droit de s'asseoir sur un tabouret, les autres courtisans et curieux n'ont d'autre possibilité que de rester debout. Enfin, derrière le roi se trouvent les officiers : premier médecin, capitaine des gardes…

Trois services, jusqu'à quarante plats

Peu après 22 heures, quand tout ce monde est prêt, un huissier annonce le commencement du festin : « Messieurs, la viande du Roi ! » Il signale ainsi l'arrivée du premier service, celui des entrées et des potages. Il est suivi par le service des rôts, par celui des entremets, puis par un dessert. À chaque service, les plats, tous plus magnifiques les uns que les autres, sont disposés selon un plan bien défini. À charge aux mangeurs de se servir, en piochant ici ou là. Au total, jusqu'à quarante plats peuvent être servis lors du Grand Couvert.

Un appétit gargantuesque

Voilà qui suffit à peine à contenter le maître des lieux. La princesse Palatine témoigne : « J'ai vu souvent le roi manger quatre pleines assiettes de soupes diverses, un faisan entier, une perdrix, une grande assiette de salade, deux grandes tranches de jambon, du mouton au jus et à l'ail, une assiette de pâtisserie, et puis encore du fruit et des œufs durs. »

Les œufs durs font partie des péchés mignons du roi. Mais sa préférence va aux légumes cultivés dans le potager de Versailles. Il est par exemple fou de petits pois. Il adore également les fruits, servis en sorbet, en pâte ou « natures ». Mais il ne se passionne guère pour cette nouveauté qui fait fureur en Europe et que l'on nomme cacao…

De haut en bas : Aiguière en bronze doré, vers 1700. Coupe ovale en argent, cristal de roche, doré, émaillé, réalisée à Milan vers 1685.

LES CAUSES DE LA GLOUTONNERIE ROYALE

L'appétit du roi ne cesse d'étonner ses contemporains. En plus de ses deux principaux repas, il prend un petit déjeuner au lever, un « goûter » en fin d'après-midi et garde un en-cas dans sa chambre pendant la nuit.

Saint-Simon explique cet appétit par la taille de l'estomac royal : l'autopsie post-mortem aurait révélé un estomac faisant le double de celui d'un homme normal. Mais il ne faut pas oublier non plus que Louis XIV subit, parfois plusieurs fois par jour, les lavements que lui infligent ses médecins. S'ajoute à cela un ver solitaire, hébergé par le roi pendant de longues décennies, ainsi qu'un diabète gras qui, en plus de causer très probablement la gangrène qui emportera Louis XIV, dérègle définitivement son appétit.

Le conseil des ministres

Moulage du contre-sceau du grand sceau de Louis XIV.

Absolu, Louis l'est par sa participation à la gestion de l'État. Depuis sa prise de pouvoir en 1661, le roi entend être mis au courant de tout, tout le temps. Il veut être omniprésent, ne rien négliger, ne rien laisser passer, allant jusqu'à interdire à ses ministres de prendre la moindre décision sans lui en avoir fait part au préalable. Afin de satisfaire cette ambition, le Roi-Soleil n'a d'autre choix que de participer presque quotidiennement aux réunions et divers conseils où se décide le sort du pays.

Le roi Louis XIV tenant les sceaux en présence des conseillers d'État et des maîtres des requêtes, alors qu'il occupait lui-même les charges de chancelier de France entre février et avril 1672.

Le roi préside les conseils

Si la France du Grand Siècle est administrée par une demi-douzaine de conseils aux prérogatives différentes, trois en particulier reçoivent l'attention du Grand Roi. Il y a d'abord le Conseil d'en haut, ainsi nommé autant pour sa localisation – au premier étage du château de Versailles – que pour son importance. C'est là qu'avec une poignée d'élus – entre trois et six, selon l'époque – Louis XIV évoque les questions militaires et diplomatiques. Le Conseil d'en haut délibère au moins deux fois par semaine, les mercredis et samedis, mais il n'est pas rare de le convoquer dès que les actualités l'exigent. Au total, Louis préside ce Conseil d'en haut jusqu'à cent cinquante fois par an.

Vient ensuite le Conseil des finances. Plus ouvert, il regroupe le roi, le contrôleur général des Finances, les intendants des finances, le Dauphin et divers ministres concernés par ce domaine. Il a lieu deux fois par semaine également, et traite, comme son nom l'indique, des questions de finance et de fiscalité. Jusqu'à sa mort, Colbert est la véritable tête pensante de cette entité. C'est là qu'il présente, chaque année, un budget prévisionnel du trésor royal. Le dernier grand rendez-vous hebdomadaire est le Conseil des dépêches. Regroupant une à deux fois par semaine une douzaine de membres en plus du roi, il se focalise essentiellement sur les affaires de politique intérieure, notamment grâce aux comptes-rendus (ou dépêches) des intendants.

Le roi Louis XIV reçoit son frère le duc d'Anjou, chevalier de l'Ordre du Saint-Esprit.

Louis écoute puis décide

Lorsqu'il participe à ces conseils, le roi n'oublie pas ses limites : il n'est guère un expert financier, juridique ou militaire. C'est d'ailleurs pour cela qu'il a regroupé autour de lui des personnages qu'il considère être des professionnels dans leurs domaines respectifs. Et s'il tient à être mis au courant du moindre détail, c'est avant tout pour savoir ce qui est décidé en son nom. Dans les faits, après avoir écouté les opinions des uns et des autres, il se range le plus souvent à l'avis de la majorité. Saint-Simon affirme que le roi, au cours de son long règne, n'est allé que six fois à l'encontre des avis donnés par ses conseils. Ce mode de fonctionnement change cependant peu à peu alors que disparaissent les grands ministres Colbert et Louvois, le roi n'hésitant plus à prendre les décisions par lui-même.

Missives, dossiers et comptes-rendus

Une fois ces conseils terminés, le monarque n'oublie pas pour autant ses fonctions : en sus des réunions officielles, il a de plus en plus recours à des discussions informelles avec ses secrétaires d'État. Après son deuxième mariage, il n'hésite pas à les convoquer dans les appartements de la marquise de Maintenon, où il passe de plus en plus de temps. Parallèlement, il ne manque jamais d'accorder de longues heures à la lecture des missives que lui font parvenir ses espions et ses intendants. En ce domaine encore, il a l'habitude de tout contrôler, de l'état économique des provinces jusqu'aux derniers ragots de la cour. Au total, en plus des deux heures de conseil (qui se tiennent généralement entre 11 et 13 heures), il est courant que Louis accorde entre deux et quatre heures supplémentaires aux affaires du royaume, en fin d'après-midi, lorsqu'il revient de la chasse.

Presse-papiers et encriers en bronze, réalisés vers 1715.

Grand et Petit Coucher

Jusqu'au soir, le Roi-Soleil n'est pas épargné par l'étiquette. À 23 heures, lorsqu'il va enfin se mettre au lit pour dormir, débute la dernière cérémonie de la journée : le coucher du roi. Ce n'est pas la plus attendue, car les opportunités de glisser un mot à Sa Majesté sont limitées. Malgré cela, le coucher du roi reste un moment important, au cours duquel la chambre royale est envahie par de nombreux gentilshommes, désireux de se montrer autant que d'écouter les paroles du monarque.

La chambre du roi à Versailles.

LE MIROIR DU LEVER DU ROI

Le coucher débute peu de temps après la fin du souper. Pendant que valets et huissiers préparent sa chambre, le roi aime passer quelques minutes à discuter en privé avec sa famille. Ce n'est qu'après ce bref moment d'intimité qu'il rejoint sa chambre, où attendent déjà les courtisans. Comme le lever du roi, le coucher est divisé en deux parties : le Grand Coucher est « public », même s'il n'est pas toujours aisé de trouver une place pour y assister. Le Petit Coucher est, comme le Petit Lever, réservé à une poignée de personnes. Comme pour tous les rituels versaillais, chaque geste est codifié. Un maître de garde-robe attend à la porte, à qui Louis XIV remet son chapeau, sa canne et ses gants. Le serviteur aide ensuite le roi à retirer le ceinturon qui tient son épée. Cela fait, un huissier ouvre un chemin à travers la foule, afin que le monarque puisse faire sa prière, au pied de son lit, les genoux sur des coussins. Évidemment, un silence respectueux est alors de rigueur.

Vue intérieure des appartements du roi : la chambre de Louis XIV.

L'HONNEUR DE PORTER LE BOUGEOIR

C'est pourtant à ce moment que l'assemblée trépigne le plus, puisque, une fois sa prière terminée, le roi s'installe sur son fauteuil et désigne celui ou celle qui va, ce soir-là, porter son bougeoir. Tout le monde retient son souffle car la personne désignée est honorée par le roi et enviée par ses camarades. Voilà un des attraits du coucher du roi : à l'inverse du lever, où le bougeoir n'est de mise que lorsque le soleil tarde à se lever, il est utilisé à chaque coucher. Et obtenir le droit de porter cet objet, c'est s'approcher au plus près du monarque, avoir une chance de discuter avec lui et de se faire remarquer par un bon mot ou un trait d'esprit.

Tandis que l'heureux élu porte le bougeoir, les valets aident le roi à se débarrasser de ses vêtements et de ses chaussures. Puis, un prince de sang ou un officier de chambre apporte à Sa Majesté sa chemise de nuit, chauffée préalablement quand il fait froid. Le roi se lève alors et fait une révérence. C'est le signal annonçant que le Grand Coucher est terminé, confirmé par l'huissier de chambre, qui annonce : « Allons messieurs, passez ! » La foule reflue et le possesseur du bougeoir le rend à un serviteur.

LE ROI DORT À CÔTÉ DE SON EN-CAS !

Ne restent pour ce Petit Coucher que les serviteurs, médecins et proches, ainsi que quelques chanceux triés sur le volet. Ils aident le roi à se laver – c'est-à-dire à s'humecter le visage et les mains avec une serviette humide –, puis écoutent ses recommandations pour le lendemain : heure du lever, costumes à préparer… Le premier médecin s'assure ensuite de la santé du roi, puis le petit comité quitte à son tour les lieux.

Seuls les valets sont autorisés à rester. Ils apportent un en-cas à leur maître, qui a l'habitude de se lever pour manger pendant la nuit. Puis ils installent le « lit de veille », aux pieds de celui de Louis. C'est là que dort le Premier valet de chambre, qui doit s'assurer que tous les besoins du roi sont satisfaits… même en plein milieu de la nuit !

Dans les cuisines du Grand Siècle

Le siècle de Louis XIV, grand par bien des aspects, l'est aussi pour la gastronomie. Sous le règne du gourmand Roi-Soleil, l'art de cuisiner, déguster et apprécier les mets atteint son apogée et se répand jusqu'auprès des cours étrangères...

3 000 CONVIVES DOIVENT ARRIVER À CHANTILLY

Tout commence un beau jour d'avril 1659. Voilà des années que le prince de Condé veut mettre fin à sa disgrâce. Ayant pris en 1651 la tête de la Fronde des princes avant d'entrer pendant sept années au service de l'Espagne contre son pays, son monarque et son cousin, il a été mis à l'écart des affaires du royaume par Louis XIV. Ni le pardon royal, accordé en 1659, ni ses exploits militaires en Franche-Comté en 1668 n'ont arrangé sa situation. Alors, dans une nouvelle tentative de retrouver les faveurs du roi, le Grand Condé décide en 1671 de l'inviter à une somptueuse fête en son château de Chantilly. Pour s'assurer du bon déroulement de cet événement capital, Condé fait appel à un expert, son « contrôleur général de la Bouche » : François Vatel, l'homme qui a déjà organisé la fête de Vaux-le-Vicomte en 1661. Le prince ne dispose que de deux semaines pour préparer et planifier trois gigantesques banquets qui s'étalent sur autant de jours. Il envoie donc des émissaires dans toute la France en quête des meilleurs produits, dans le but de préparer un menu éblouissant. Mais ce n'est pas tout : il recrute aussi les meilleurs musiciens, prévoit les animations qui doivent ravir les invités, dresse le plan de table. Bref, il s'occupe de tout, jusque dans les moindres détails.

Le jour J, le 23 avril 1671, alors que 3 000 personnes, courtisans et serviteurs, débarquent à Chantilly, tout semble être prêt pour que la fête soit une réussite totale. Mais, au moment de passer au festin, premier couac : les convives étant plus nombreux que prévu, il manque du rôti sur deux des vingt-cinq tables. Vatel, qui n'a pas dormi depuis douze jours, est effondré : « Voici un affront que je ne supporterai pas », affirme-t-il, au bord de la crise de nerfs.

François Vatel, le cuisinier de Nicolas Fouquet, se passant son épée à travers le corps.

AU DÉSESPOIR, LE MAÎTRE D'HÔTEL MET FIN À SES JOURS

Le coup de grâce survient le lendemain. À quatre heures du matin, Vatel apprend que sa marée – les poissons et crustacés commandés – est en retard. Oubliant que l'approvisionnement en poissons, à 200 km de la mer, est souvent plus qu'hasardeux, Vatel n'a prévu aucun plan B. À huit heures, il n'en peut plus : « Monsieur, je ne survivrai pas à cet affront », dit-il à l'intendant du Grand Condé. Désespéré, humilié, le contrôleur général monte dans sa chambre, coince son épée dans sa porte et s'embroche dessus… Alors même que les livraisons de poissons arrivent au château. Et alors que tous les invités sont enchantés par la fête.

L'APOGÉE DE L'ART CULINAIRE FRANÇAIS

L'épisode est quasi légendaire. Au-delà du caractère d'un homme, il illustre à quel point le Grand Siècle a érigé la gastronomie en art, au même rang que la sculpture ou la peinture. C'est en effet pendant le règne de Louis XIV que l'art culinaire français atteint ses sommets, après avoir stagné pendant plusieurs décennies. Le Roi-Soleil, grand mangeur, et l'étiquette qu'il instaure à Versailles, n'y sont évidemment pas pour rien. Qu'est-ce qui change ? Les épices sont peu à peu remplacées par des aromates, censés être plus raffinés. Les fruits et légumes connaissent un formidable essor : haricots, petits pois, oranges et pêches font fureur. De même que le thé, le café ou le cacao. Les plats sont plus élaborés, plus savoureux. Même chose pour la présentation des mets ou la dégustation elle-même : plus rien n'est laissé au hasard et il devient impensable de manger sans utiliser de couverts. Tout cela entraîne la création d'une caste d'experts, qui travaille pour la noblesse et de plus en plus pour la bourgeoisie : les maîtres queux. Déjà, ces ancêtres de nos grands chefs s'affrontent par ouvrages interposés, alors que leur savoir, porté par la suprématie culturelle française, se répand à l'étranger…

L'héritage de François Vatel

Aujourd'hui, plusieurs restaurants et écoles d'hôtellerie ont adopté le nom du contrôleur général de la Bouche, dont le destin a par ailleurs fait l'objet d'un film de Roland Joffé (*Vatel*, 2000). Vatel est devenu l'archétype du chef de cuisine qui se donne corps et âme à son métier et à sa passion. Son geste du 24 avril attriste le prince de Condé et le roi, qui intervient pour que Vatel soit enterré individuellement et non jeté dans une fosse commune, comme le veut la loi en cas de suicide. Par respect pour sa mémoire, les convives de Chantilly refusent de manger le fameux poisson qui a causé sa mort. Ce qui ne les empêche pas pour autant de faire bombance : « On dîna très bien, on fit collation, on soupa, on se promena, on joua (…). Tout était enchanté », témoigne la marquise de Sévigné.

La famille de Louis XIV représentée en personnages mythologiques.

Un roi luxurieux

Il est habituel de parler des « amours du Roi-Soleil ». Et d'oublier que, derrière cette formule pudique, se cache en réalité un appétit sexuel extraordinaire, qui défraie alors la chronique. Presque autant que ses armées et ses palais, les cours européennes commentent les frasques sexuelles du roi de France, tandis que Marie-Thérèse, elle, serre les dents, affrontant quotidiennement l'humiliation que lui inflige de moins en moins discrètement son royal époux. Le roi ne s'en inquiète pas, lui qui est persuadé que faire preuve de virilité est un attribut essentiel du monarque.

L'initiation

Avec le recul, sachant à quel point le manque d'appétit sexuel de son père lui a causé du tort, il est difficile de ne pas donner raison au Roi-Soleil, qui multiplie sans vergogne les conquêtes. La postérité a retenu plusieurs noms : La Vallière, Montespan, de Fontanges... Mais ces favorites connues ne sont que le sommet de l'iceberg : Louis aurait eu plus de trois cents maîtresses au cours de son existence.

Étrangement, l'homme qui va coucher avec les plus belles femmes du royaume est déniaisé par un laideron. Louis a quatorze ans lorsqu'il est initié à l'amour charnel par Cateau la Borgnesse. Ce surnom de catin romaine désigne Catherine-Henriette Bellier, une suivante d'Anne d'Autriche. À quarante ans, elle est borgne, a le visage marqué par la vérole et se montre assez disgracieuse. Mais elle a la réputation d'être experte aux choses de la chair. Ce qui aurait encouragé la régente à la jeter dans les bras du jeune roi, afin de s'assurer qu'il sera plus actif que feu son père, « le Chaste » Louis XIII...

Au sortir d'un bain, voici donc l'adolescent qui termine entre les bras, et les cuisses, de la fameuse Cateau. Cette expérience éveille l'intérêt du roi, qui fréquente dès lors soubrettes et servantes. Mais bientôt, il abandonne ces amourettes fugaces pour des relations plus respectables, et parfois plus scandaleuses.

De l'honneur d'être fait cocu

Il y a d'abord son épouse, Marie-Thérèse. Louis XIV s'évertue à accomplir son devoir conjugal autant que possible. Le matin, au lever, il claque des mains, signifiant ainsi aux courtisans présents qu'il a fait son possible pour engrosser la reine. Il y a surtout des dizaines de filles et épouses de la noblesse qui partagent une couche avec le roi, pour une nuit, une semaine, un mois ou des années. Nombre de nobliaux en mal de reconnaissance n'hésitent d'ailleurs pas à jeter leurs femmes dans les bras du monarque, espérant en retirer quelque avantage. À raison : Louis sait se montrer généreux avec ces cocus, leur accordant titres et récompenses, comme il a accordé ses faveurs à leurs épouses.

Madame de Montespan à Clagny admirant le portrait de Louis XIV soutenu par deux amours.

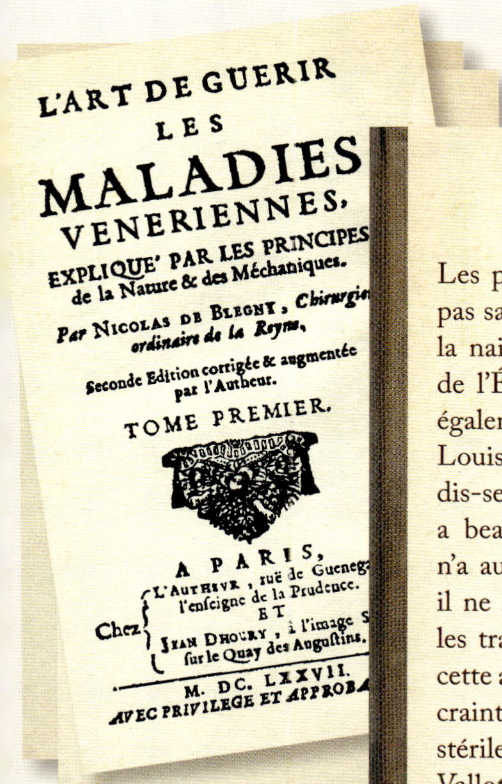

L'ART DE GUERIR LES MALADIES VENERIENNES, EXPLIQUE' PAR LES PRINCIPES de la Nature & des Méchaniques.
Par NICOLAS DE BLEGNY, Chirurgi[en] ordinaire de la Reyne,
Seconde Edition corrigée & augmentée par l'Autheur.
TOME PREMIER.
A PARIS,
Chez { L'AUTHEUR, ruë de Guenego[aud] à l'enseigne de la Prudence. ET JEAN DHOURY, à l'image S[...] sur le Quay des Augustins.
M. DC. LXXVII.
AVEC PRIVILEGE ET APPROBA[TION]

Le danger rôde

Les pratiques sexuelles du roi ne vont pas sans poser problème. Il y a bien sûr la naissance de bâtards, la réprobation de l'Église et des cours royales. Il y a également les maladies vénériennes : Louis attrape la gonorrhée en 1655, à dis-sept ans. Vallot, le médecin du roi, a beau clamer dans son journal qu'il n'a aucun doute sur la chasteté du roi, il ne lui en administre pas moins tous les traitements réputés efficaces contre cette affliction ! Un moment, le médecin craint même que son maître devienne stérile... Mais à force d'insistance, Vallot parvient à faire disparaître les symptômes de la maladie.

De l'apothéose à la repentance

Quant à l'acte sexuel lui-même, le roi n'hésite pas à le pratiquer jusqu'à trois ou quatre fois par jour. Pour tenir le rythme, il prend de la poudre de cantharide, un aphrodisiaque bien connu depuis l'antiquité. Si la décence veut que le roi se montre discret, il lui arrive, par impatience ou excitation, de se jeter sur une favorite devant les femmes de chambre de cette dernière !

Cet appétit sexuel va connaître un coup d'arrêt après le second mariage du roi, en 1683. Louis, plus dévot, semble faire acte de repentance, et se contente de son épouse, Madame de Maintenon qui, elle-même guère portée sur la chose, se plie néanmoins, contrainte et forcée, et comme tant d'autres auparavant, aux désirs du Grand Roi...

Madame de Maintenon, l'épouse secrète

La seconde épouse de Louis XIV, qui régna sur le cœur du monarque et sur la cour de Versailles, est née en 1635 dans une cellule de la prison de Niort où ses parents avaient été enfermés pour dettes. Françoise d'Aubigné, qui allait connaître un destin à nul autre pareil dans la France du XVIIe siècle, est la petite-fille d'Agrippa d'Aubigné, poète et compagnon d'armes d'Henri IV, grand-père de Louis XIV. Accessoirement, le père de Françoise a aussi assassiné sa première épouse et son amant puis ruiné sa deuxième femme.

Françoise d'Aubigné, future marquise de Maintenon, gouvernante des bâtards légitimés de Louis XIV et de Madame de Montespan, Louis-Auguste et Louis-César.

Son esprit est éveillé par le poète Paul Scarron

Jean Racine lisant sa pièce de théâtre *Athalie* devant Louis XIV et Madame de Maintenon.

Née catholique, Françoise est élevée dans la religion protestante par sa tante et emmenée, enfant, aux Antilles où son père, sorti de geôle, est nommé gouverneur de l'île de Marie-Galante. Elle y séjournera six années. Surnommée toute sa vie durant « la belle Indienne », elle est enfermée par sa marraine dans un couvent dès son retour afin d'y être rééduquée dans la religion catholique. Mais, à seize ans, en 1652, plutôt que de rester chez les Ursulines, elle choisit d'épouser, sans dot, le poète Paul Scarron, contrefait à la suite d'un accident, paralysé des jambes et de la colonne vertébrale, ne se déplaçant qu'en chaise roulante et âgé de plus de quarante ans. À son côté, elle apprend à aimer les belles lettres, les choses de l'esprit et la littérature et tient, dans le Marais, un salon que fréquentent Madame de La Fayette et Madame de Sévigné, Ninon de Lenclos et la marquise de Montespan. Mais, décédant en 1660, son mari, auteur du *Roman comique* dont elle lui faisait retirer les mots trop grivois, la laisse veuve à vingt-cinq ans et sans le sou.

Elle est introduite à la cour par Madame de Montespan !

Ses contemporains saluent la beauté et la profondeur de son corsage. Françoise d'Aubigné devient la maîtresse du chevalier de Mornay qu'elle abandonne, de peur de perdre dans cette liaison et sa réputation de femme sage et la protection de la reine mère, Anne d'Autriche, qui lui alloue une pension. Désireuse de ne pas retourner au couvent pour y finir ses jours, elle se cherche un emploi honnête et trouve, en 1669, celui de gouvernante des enfants secrets du roi et de sa maîtresse. Elle doit cette charge à Madame de Montespan qui, connaissant la sagesse de Françoise, pense que cette dernière saura faire preuve d'efficacité et de discrétion. Madame de Montespan est la favorite officielle mais, légalement mariée, elle ne peut être enceinte d'un autre homme que son époux. Les enfants, nés de sa longue liaison avec Louis XIV, bien que reconnus par leur père, le roi de France, qui les légitimera, sont catalogués « de mère inconnue ».

Paul Scarron, écrivain français et premier époux de Françoise d'Aubigné, future Madame de Maintenon.

Le roi libertin est séduit par les airs dévots de la gouvernante

Françoise exerce ses fonctions en restant dans l'ombre et ne paraissant point à la cour. Elle prend soin de la progéniture royale, née du péché à l'ombre de murs épais. Elle rencontre le roi, lorsqu'il rend visite à sa seconde famille en un hôtel particulier, avec jardin à l'abri des regards, de la rue de Vaugirard. Là, la veuve Scarron dispense soins et affection aux enfants et, se composant des airs dévots, joint les mains et joue la sérieuse.

Louis XIV la trouve d'abord insupportable puis il apprécie vite que ce soit une telle femme, aux antipodes des dames de la cour, qui ait la charge d'éduquer ses bâtards et bâtardes, au nombre de sept. Madame de Montespan, fine mouche pourtant rouée en diable, n'y voit que du feu. Elle intercède auprès du roi en faveur de la gouvernante afin que cette dernière reçoive ses titres de noblesse.

Athénaïs de Montespan ne voit rien venir

En récompense de ses bons et loyaux services, le roi gratifie la gouvernante du titre de marquise de Maintenon, acheté avec le château, situé dans l'Eure, pour 150 000 livres. Admise dans l'intimité du couple quasi royal et dans les salons de Versailles, la dame s'y immisce tout en câlinant et contrôlant les enfants, les éduquant avec sévérité et leur inculquant des préceptes moraux. Jouant sur du velours et maniant la trique à l'occasion, elle intrigue un peu et séduit beaucoup le monarque par son maintien réservé et ses mines douces. Sa mise est modeste, sa tenue toute simple. Le roi prend du plaisir intellectuel en sa compagnie et lui fait même des brins de cour que ne remarque pas Madame de Montespan. Lorsque la favorite en titre finit par réaliser ce qui lui arrive, elle tombe de haut et, trompée, doit s'incliner devant la réalité qui s'impose. Louis XIV, Roi-Soleil couvert de femmes et friand de galipettes, s'est entiché de la gouvernante de ses bâtards, créature sculpturale vêtue de noir et dotée, croit-on, d'une personnalité pâlotte.

Le 13 mai 1697, le roi renvoie les Comédiens italiens après la suppression de la Comédie italienne. Les acteurs furent chassés pour avoir joué *la Fausse Prude*, pièce jugée offensante par Madame de Maintenon.

Le monarque la surnomme « Raison » ou « Votre Solidité »

Le monarque qui a pris de l'âge rêve, maintenant, de moments paisibles et d'heures douces. Il cherche la sérénité. Madame de Maintenon la lui apporte sur un plateau, dans la quiétude ouatée de l'appartement voisin du sien où elle lui donne des envies de couple. Tous deux, se retrouvant à propos, à cause ou grâce aux enfants, devisent des heures durant, se quittent à regret, se retrouvent avec plaisir. L'affaire des Poisons se termine. Madame de Montespan, que le roi ne voit plus qu'en présence de leurs enfants et de la gouvernante, est reléguée dans un petit appartement des étages supérieurs. La reine Marie-Thérèse décède en cette même année 1683. Voilà veuf le plus grand roi du monde qui décide, le temps du deuil respecté, de se ranger des frasques et de se marier. Se refusant à épouser une princesse du Portugal ou de Toscane comme ses conseillers le lui suggèrent, Louis XIV choisit de convoler avec sa chère confidente de quarante-huit ans dont il apprécie la tendresse. « Dieu, qu'il serait doux, s'écrit le roi, d'être aimé d'une femme pareille ! »

Le mariage de Louis XIV et de la marquise de Maintenon.

Un mariage est organisé en secret

Madame de Maintenon plaît au roi mais n'entend pas devenir la nouvelle favorite, même si elle lui a cédé neuf années auparavant. Bossuet et Colbert donnent leur aval à l'union. Louvois tombe à genoux devant Louis XIV pour l'adjurer de ne pas faire de Madame de Maintenon la nouvelle reine de France. « Notre pays sera la risée de l'Europe », s'exclame le ministre de la Guerre. Mais, dans la nuit du 9 au 10 octobre 1683, en grand secret, le roi l'épouse. Ne sont présents que le fils naturel du roi, le duc du Maine, son précepteur, promu témoin, et le valet du monarque, Bontemps. Personne ne le sait vraiment mais toute la cour le pressent lorsque la veuve Scarron ne se lève plus de son fauteuil pour saluer les princesses du sang, qui, par ailleurs, suivent à pied sa chaise à porteurs.

Austère, la marquise se voit vite accusée de tous les maux du régime

Le roi passe désormais ses jours et ses nuits à ses côtés. La marquise se plaint même de sa trop grande ardeur conjugale qui l'épuise. Témoin de tout mais ne se mêlant pas de grand-chose, le roi n'écoutant que peu ses avis, elle fait pourtant régner austérité et dévotion sur la cour qui la hait. Contrairement aux rumeurs, elle ne se mêle pas de la nomination des ministres ni de la révocation de l'édit de Nantes. Mais son statut mystérieux lui vaut toutes les inimitiés. Seuls les bâtards qu'elle a élevés lui témoignent de la considération. Par elle et avec elle, le Grand Roi se trouve transformé en vieillard bondieusard et coule ses vieux jours confits en bigoterie. Trois jours avant la mort du roi, la marquise se retire à la Maison royale de Saint-Cyr qu'elle a fondée et où elle vivra jusqu'en 1719 en affichant les plus grands signes de piété.

Madame de Maintenon et ses élèves à la Maison de Saint-Cyr, que la deuxième épouse de Louis XIV fonda en 1684 avec l'aide du roi.

La famille du Grand Dauphin, fils aîné de Louis XIV et de Marie-Thérèse d'Autriche : Louis de France, son épouse Marie-Anne de Bavière et leurs trois fils, Louis duc de Bourgogne, Philippe duc d'Anjou puis roi d'Espagne et Charles duc de Berry.

LA PROGÉNITURE ROYALE

À l'inverse de son prédécesseur, Louis XIV peut s'enorgueillir d'avoir engendré une descendance nombreuse. Les choses n'étaient pourtant pas forcément bien engagées, malgré la bonne volonté du roi, qui a tout fait pour engrosser une épouse qu'il trouve peu attirante, tant physiquement qu'intellectuellement.

SIX NAISSANCES LÉGITIMES, UN SEUL SURVIVANT

Un premier enfant mâle naît le 1er novembre 1661. Le Grand Roi est aux anges. À tel point qu'il barde son fils de surnoms et de titres : le petit Louis de France sera ainsi Grand Dauphin et Monseigneur.

La suite des événements n'est pas aussi heureuse : Marie-Thérèse tombe régulièrement enceinte, mais les nouveau-nés royaux meurent les uns après les autres. Anne-Élisabeth, Marie-Anne, Marie-Thérèse, Philippe-Charles, Louis-François… Aucun de ces cinq enfants n'atteint l'âge adulte. Marie-Thérèse, surnommée la Petite Madame, est la plus résistante, puisqu'elle fête son cinquième anniversaire avant d'être terrassée par la tuberculose. Lorsque la reine s'éteint à son tour en 1683, Louis n'a pour seul héritier légitime que ce Grand Dauphin déjà âgé de vingt et un ans.

Marie-Anne de Bourbon dite Mademoiselle de Blois et future princesse de Conti, fille de Louis XIV et de Louise de La Vallière.

SI PROCHES ET SI DIFFÉRENTS !

Par bien des côtés, Monseigneur ressemble à son père : il est passionné par la chasse, la guerre et les arts. Comme son géniteur, il épouse une princesse étrangère qui peine à s'intégrer à la cour de France : Marie-Anne de Bavière, qui lui donne trois fils, nommés Louis, Philippe et Charles. Après le décès de celle-ci, il convole en secondes noces avec une de ses maîtresses… comme son père ! Et pourtant, en dépit de ces points communs, Louis père et Louis fils sont deux personnages bien différents. Le premier est doté d'une volonté de fer, le second est hésitant. L'un est hyperactif, l'autre passe pour un mollasson.

Ces différences surpassent les similitudes et causent peu à peu une dégradation des rapports familiaux. Le Grand Dauphin ne supporte pas la nouvelle épouse royale, Madame de Maintenon (le sentiment est réciproque), et passe de moins en moins de temps à Versailles, préférant son domaine de Meudon, qui accueille tous ceux qui attendent la succession. Il désapprouve certaines décisions du roi, comme la révocation de l'édit de Nantes, et se laisse mettre à l'écart politiquement. Plus qu'une réelle animosité, c'est leur incapacité à s'entendre qui fait que le père et le fils s'éloignent peu à peu l'un de l'autre. Quand les deux hommes se retrouvent dans un même lieu, ils s'évitent autant que possible, trouvant des excuses pour ne pas avoir à se retrouver face à face. Le fils se sent écrasé par ce père omniprésent, quand le père est déçu par un fils qu'il voudrait être une copie de lui-même.

DES BÂTARDS INNOMBRABLES

Ce fils à son image qu'il ne trouve pas en ce Dauphin, Louis le Grand va le chercher ailleurs. Et il a l'embarras du choix, tant ses maîtresses lui ont donné de nombreux enfants. Impossible cependant de connaître exactement le nombre des bâtards royaux : les accouchements des favorites connues se tiennent, à l'inverse de ceux de la reine, en privé, derrière des portes closes. Ils sont parfois même tenus secrets. Prenons le cas de la marquise de La Vallière : a-t-elle eu cinq enfants du roi ? Six ? Sept ? Difficile d'être sûrs. Toujours est-il qu'après avoir accouché d'au moins trois enfants qui meurent rapidement, elle donne naissance en 1666 et 1667 à deux bâtards qui atteindront l'âge adulte. Le premier est une fille, Marie-Anne de Bourbon. Louée pour sa beauté et son intelligence, elle est la fille favorite du roi qui, après l'avoir légitimée, lui fait épouser un neveu du Grand Condé. Proche également de son demi-frère le Dauphin, elle rejoindra sa cour à Meudon, et s'éloignera elle aussi petit à petit de son père.

LE DUC DE VERMANDOIS, REJETÉ POUR SON HOMOSEXUALITÉ

Le second rejeton de Louise de La Vallière est Louis de Bourbon, qui devient duc de Vermandois. Il ne connaît pas le sort enviable de sa sœur : né d'une mère déjà abandonnée par le roi, il est séduit à treize ans par le chevalier de Lorraine, qui est également l'amant de son oncle, Monsieur. Le jeune garçon développe une passion pour le « vice italien », auquel il s'abandonne corps et âme, et avec de moins en moins de discrétion. Quand Louis XIV apprend l'homosexualité de son fils naturel, il lui ordonne de quitter la cour. C'est la mère de substitution du duc de Vermandois, la princesse Palatine, qui convainc son beau-frère le roi de laisser à l'adolescent une chance de se racheter. À seize ans, celui-ci part donc à la guerre pour se faire pardonner, et meurt en 1683 lors du siège de Courtrai. Si sa sœur Marie-Anne et la Palatine pleurent à chaudes larmes, le Grand Roi, qui n'a jamais apprécié cet enfant, ne manifeste pas le moindre chagrin.

LE DUC DU MAINE, GRAND FAVORI DU ROI

Remplaçant Louise de La Vallière dans le cœur et dans la couche du roi à partir de 1667, la marquise de Montespan va, elle aussi, donner à son amant de nombreux bâtards : sept au moins. Quatre seulement atteindront cependant l'âge adulte. Le premier est Louis-Auguste de Bourbon, duc du Maine, né en 1670. Surnommé le « gabillard » parce que boiteux depuis sa naissance, il devient rapidement le fils favori du roi. Couvert de récompenses et d'honneurs, érudit et ambitieux, il ne brille pourtant pas à la cour, qu'il n'impressionne pas par ses talents. Il est en revanche un intrigant talentueux, qui joue l'équilibriste entre les différents clans qui animent Versailles. C'est ainsi qu'il finit, lui aussi, par rejoindre le « groupe de Meudon », animé par son demi-frère le Grand Dauphin. À la mort de celui-ci, il parvient à se faire désigner comme successible au trône, si jamais la lignée légitime du roi venait à s'éteindre.

Madame de Montespan avec ses enfants, nés de Louis XIV : Louis-Auguste, duc du Maine (en habit rouge), Louis-César comte de Vexin (dans les buissons), Louise Françoise, Mademoiselle de Nantes (la robe relevée portant des fleurs) et Louise Marie Anne, Mademoiselle de Tours (assise sur un carquois).

DES FILLES QUI DEVIENNENT DES INSTRUMENTS POLITIQUES

Viennent ensuite deux sœurs, qui atteindront l'âge adulte : Louise Françoise de Bourbon, née en 1673, et Françoise Marie de Bourbon, née en 1677 (une troisième, Louise Marie Anne, née en 1674, mourut à l'âge de sept ans). La première semble avoir hérité des traits de sa mère, Athénaïs de Montespan. Dotée d'un esprit affûté et douée pour la méchanceté, cette beauté se retrouve à douze ans mariée au petit-fils du Grand Condé : Louis III de Bourbon-Condé, un être acariâtre et laid. Françoise Marie, à l'inverse, n'est ni belle ni brillante. Elle n'en épouse pas moins le neveu du roi : Philippe d'Orléans. Deux mariages malheureux. Mais le roi n'en a que faire : s'il marie systématiquement ses bâtard(e)s dans des branches cadettes de la grande famille des Bourbons, ce n'est pas tant pour assurer un futur à ses enfants que pour affaiblir les Condé, Conti et autres Orléans. Ces derniers ne manquent d'ailleurs pas de s'opposer à ces unions : ne sont-ils pas des princes de sang, qui méritent infiniment mieux que des bâtards ? Louis XIV sait cependant noyer ces états d'âme sous des dots extravagantes…

Louis-Alexandre de Bourbon, comte de Toulouse, fils de Louis XIV et de Madame de Montespan.

LE COMTE DE TOULOUSE, LE FILS PRODIGE

Le dernier enfant que le roi légitimera est Louis-Alexandre de Bourbon, comte de Toulouse. Venu au monde en 1678, il reçoit comme son frère le duc du Maine toutes les faveurs du roi. Mais, là où Maine peine à s'illustrer, Toulouse se montre efficace et talentueux. À vingt-cinq ans, alors amiral de France, il s'illustre en écrasant les Anglo-Hollandais devant Malaga. C'est la grande victoire navale du règne. À Versailles, en se tenant à l'écart de complots et intrigues, Toulouse assure ses arrières. Apprécié ou ignoré par ceux qui haïssent son grand frère, il sera, à la mort de Louis XIV, relativement épargné par les luttes d'influence qui déchirent les Bourbons.

La Mauresse de Moret

À partir de 1695, le petit couvent de Moret-sur-Loing voit défiler certains des plus importants personnages de l'État. Tous rendent visite à sœur Louise-Marie de Sainte-Thérèse, une jeune religieuse métisse. Qu'est-ce qui explique ces allées et venues très peu discrètes ? Pourquoi la jeune fille perçoit-elle une pension de la Couronne ? Pourquoi est-elle mentionnée jusque dans les lettres de Madame de Maintenon ? Aujourd'hui, le doute n'est quasiment plus permis : Louise-Marie était très probablement une bâtarde de Louis XIV. Sa couleur de peau et ses origines – elle est peut-être la fille d'une comédienne venue d'Afrique – n'étant pas convenables à l'époque, le roi a souhaité mettre cette fille à l'écart… tout en s'assurant de son bien-être matériel. Las, le secret est vite éventé, d'autant que la « mauresse » revendique haut et fort ses origines royales.

Une autre jeune fille métisse, nommée Dorothée et installée chez les Ursulines à Orléans, reçoit également une pension de la part de la Maison du Roi, et aurait même rencontré le souverain. De là à dire que Dorothée était elle aussi une fille illégitime de Louis XIV, il n'y a qu'un pas, que bien des esprits ont déjà franchi !

« J'ai trop aimé la guerre »

Voilà les mots qu'aurait prononcés le roi sur son lit de mort, en guise d'avertissement à son arrière-petit-fils, le futur Louis XV. Comme toutes les paroles attribuées au Grand Roi après sa disparition, la véracité de celles-ci est sujette à caution. Mais, si le marquis de Dangeau rapporte l'anecdote en 1720, c'est parce que les contemporains de Louis XIV ne sont pas dupes : le règne du Roi-Soleil a été guerrier. Trop guerrier diront certains, avec trente-trois ans de conflits militaires en cinquante-quatre ans de pouvoir.

La gloire des débuts

Le roi débute ses escapades et escalades militaires en 1667. Prétextant vouloir sauvegarder les droits de son épouse Marie-Thérèse sur le trône d'Espagne, Louis XIV envahit les Flandres, qui appartiennent alors aux Habsbourg d'Espagne. C'est la guerre de Dévolution. En quelques mois, les places fortes espagnoles tombent les unes après les autres, notamment grâce à un ingénieur talentueux, Sébastien Le Prestre, marquis de Vauban. Mais bientôt, la France se voit contrainte de chercher la paix. En effet, les Provinces-Unies (le nord calviniste des Pays-Bas), traditionnellement alliées du royaume de France, ont pourtant constitué avec l'Angleterre et la Suède la Triple-Alliance de La Haye, destinée à prévenir toute expansion française. En 1668, le traité d'Aix-la-Chapelle met fin à la guerre de Dévolution et accorde à la France plusieurs villes des Flandres, dont Lille, Charleroi et Tournai.

Les Hollandais mis au pas

Louis passe les quatre années suivantes à préparer sa revanche contre les Hollandais, qu'il considère comme des traîtres. Après avoir tenté d'isoler les Provinces-Unies, notamment en s'assurant la neutralité de l'empereur du Saint Empire romain germanique, Léopold Ier de Habsbourg, et en éloignant l'Angleterre de la Triple-Alliance, Louis frappe en avril 1672. Une fois encore, les armées françaises, supérieures en qualité et en nombre, écrasent les forces ennemies. Bientôt, les Hollandais n'ont d'autre choix que d'inonder leur propre territoire en rompant les écluses de Muyden. Cette manœuvre permet de stopper l'avancée des Français. Qui doivent en plus faire face aux armées espagnoles et impériales, Léopold Ier ayant finalement décidé de prendre le parti des Hollandais.

Pour contrer cette menace, Louis charge Turenne de franchir le Rhin et Condé de prendre la Franche-Comté. Les deux généraux s'illustrent, mais Turenne est tué par un obus en 1675.

Privés de leur meilleur général, les Français ne parviennent pas à remporter une victoire décisive. Face à l'enlisement de la situation, une paix est signée à Nimègue, en août 1678. Cette guerre de Hollande permet à la France de mettre la main sur la Franche-Comté et sur les îles de Trinité-et-Tobago (appartenant aujourd'hui aux Petites Antilles, au large du Venezuela).

La guerre de la ligue d'Augsbourg

Avec ces deux guerres, Louis peut s'enorgueillir de beaux succès militaires, comme d'avoir sécurisé sa frontière nord. Mais en inquiétant les puissances européennes, il pave la voie à la création d'une grande coalition anti-française. Celle-ci prend forme en 1686, quand Léopold Ier et quelques souverains allemands forment la ligue d'Augsbourg, dont le but est de ramener la France dans ses frontières de 1648. Louis n'entend pas laisser l'initiative aux alliés : profitant de la guerre qui oppose les Ottomans à l'Empereur, il fait passer le Rhin à ses armées en 1688. Ce faisant, il espère forcer Léopold à abandonner les territoires impériaux annexés par la France entre 1680 et 1684. Mais le Roi-Soleil sous-estime la résolution de son ennemi qui, transfert ses armées expérimentées à l'ouest. Il sous-estime aussi l'étendue du sentiment anti-français en Europe : immédiatement après le début des hostilités, le Saint Empire réunit à ses côtés la plupart des princes allemands, la Suède, la Savoie, l'Espagne… Et surtout Guillaume d'Orange, ancien gouverneur général des Provinces-Unies, devenu en 1689 roi d'Angleterre, et qui voue une haine féroce au roi de France. Ce qui ne devait être qu'un conflit rapide se transforme alors en une guerre d'usure interminable, aucun des deux partis n'ayant les capacités de remporter la victoire. C'est aussi un conflit d'envergure mondiale : présents sur tous les continents du globe, Français, Anglais et Hollandais s'affrontent de la baie d'Hudson à Pondichéry.

Le siège de Besançon en 1674 à l'issue duquel Louis XIV reprend la Franche-Comté et Besançon à Charles II d'Espagne. On distingue les canons installés par Vauban et, au premier plan, le camp.

Épuisés, les belligérants optent pour le statu quo

Pendant neuf longues années, les pays européens doivent soutenir cette guerre. En France, les dépenses militaires, déjà élevées, explosent. Les impôts augmentent, qui appauvrissent encore plus des paysans déjà miséreux. Entre 1692 et 1694, des hivers effroyables et de mauvaises récoltes provoquent une gigantesque hécatombe : entre un et deux millions de morts dans le royaume.

La France, qui après avoir attaqué, se bat pour défendre ses frontières, n'a pas vraiment d'autre choix que de continuer à combattre. Mais en Hollande, en Angleterre, en Allemagne, la lassitude s'installe. Des ouvertures en direction d'une paix « honorable » sont faites dès 1696. En 1697, un traité est signé à Ryswick. Il offre à Louis une partie de l'Alsace en échange de villes des Flandres restituées à l'Espagne, et reconnaît Guillaume d'Orange comme roi légitime de l'Angleterre. Cette paix ne satisfait personne, mais elle arrange tout le monde.

Proclamation du duc d'Anjou, roi d'Espagne sous le nom de Philippe V, le 16 novembre 1700. (En bleu, derrière le cardinal à gauche sur la peinture, se tient l'abbé Bossuet.)

Le martyre du Palatinat

En 1674 et en 1689, Louis XIV commet les plus grosses erreurs diplomatiques de son règne, en ordonnant à deux reprises le sac du Palatinat. Cette région située au bord du Rhin, qui pendant plusieurs siècles oscille entre l'Allemagne et la France, est une porte d'entrée vers le royaume du Roi-Soleil. En chargeant Turenne puis le général Mélac de raser le comté Palatin, le roi de France veut fermer cette porte, en empêchant aux armées impériales de s'y ravitailler. Si les populations sont relativement épargnées, ponts, villages et églises sont rasés, les récoltes incendiées. Mais la principale victime de ces ravages du Palatinat est la France : les petits princes allemands, traditionnellement pro-français, changent de camp. L'Europe est choquée. De « nation honnête, humaine, civile », les Français deviennent dans l'imaginaire collectif des « cannibales ». Le souvenir des ravages du Palatinat s'ancre profondément dans la mémoire allemande, et sera même utilisé par la propagande prussienne pendant la guerre de 1870 !

La succession d'Espagne

Après Ryswick, l'Europe n'aspire qu'à se reconstruire. Pourtant, un événement vient mettre le feu aux poudres : la mort en 1700 du souverain espagnol Charles II. Affaibli par la consanguinité, faible de corps comme d'esprit, le dernier Habsbourg d'Espagne s'éteint sans descendance, après avoir choisi comme successeur Philippe d'Anjou, petit-fils du Roi-Soleil. La situation est compliquée : Louis avait convenu avec les Habsbourg d'Autriche de partager équitablement les territoires de la Couronne espagnole. S'il accepte le testament de Charles II, il rompt son accord. Le 16 novembre 1700, après deux semaines d'hésitation, sa décision est prise. Accompagné de son petit-fils, il annonce à la cour : « Messieurs, voici le roi d'Espagne. »

Pour les Bourbons, « il n'y a plus de Pyrénées »

Immédiatement, des troupes françaises investissent les possessions espagnoles. La guerre recommence. Opposant la France, l'Espagne et la Bavière à l'Autriche, l'Angleterre et les Provinces-Unies, elle sera encore plus longue et coûteuse que la précédente. Les troupes françaises alternent succès et débâcles. Le trône de Philippe d'Anjou, devenu Philippe V d'Espagne, vacille à plusieurs reprises. Un nouvel hiver catastrophique, en 1709, tue 600 000 paysans français. La France, vite épuisée, présente, dès 1708, des propositions de paix, rejetées en bloc par les alliés, qui souhaitent que le roi de France entre en guerre contre son petit-fils. Le 12 juin 1712, un Louis XIV radicalement moderne lance, par une lettre diffusée dans les églises du royaume, un appel à ses sujets. Il leur demande les derniers sacrifices, afin de forcer les ennemis de la France à la paix. Ce n'est que lorsque le pays reprend du poil de la bête, en 1712, que les alliés acceptent enfin de négocier. Le traité d'Utrecht, signé en 1713, prive la France de l'Acadie, au Canada, mais valide une nouvelle fois les conquêtes de Louis XIV. Surtout, il reconnaît la légitimité de Philippe V sur le trône d'une Espagne privée de ses territoires italiens. À une condition toutefois : celle que les deux royaumes des Bourbons ne soient jamais unis sous une seule couronne…

D'Artagnan le mousquetaire

Il a été immortalisé par les romans d'Alexandre Dumas autant qu'il est devenu le héros de séries et de films hollywoodiens à gros budget. Et pourtant, D'Artagnan reste un personnage mystérieux, sur qui les principales sources dont disposent les historiens sont des mémoires à l'authenticité douteuse. Charles de Batz, de son vrai nom, naît dans les années 1610 à Lupiac dans le Gers, au sein d'une famille de la petite noblesse désargentée, et décide, comme beaucoup d'autres jeunes gascons, de faire carrière dans l'armée. Vers 1630, il monte à Paris et prend le nom de sa mère – Montesquiou-d'Artagnan –, plus prestigieux que celui de son père. Gravissant rapidement les échelons, il devient en 1657 le commandant de la prestigieuse unité des mousquetaires. Là, il gagne l'estime de Louis XIV (le roi lui confie l'arrestation de Fouquet en 1661), puis il acquiert la charge de capitaine de la première compagnie de mousquetaires en 1667, avant d'être brièvement fait gouverneur de Lille en 1672. Préférant le combat à la gestion, D'Artagnan rejoint le roi en pleine campagne militaire, pendant la guerre de Hollande. En 1673, il est tué en repoussant une contre-attaque devant Maastricht. Ce jour-là, le roi perd son plus loyal homme de main.

La bataille de Villaviciosa le 10 décembre 1710 pendant la guerre de la Succession d'Espagne. Le duc de Vendôme, commandant l'armée franco-espagnole aux côtés du roi d'Espagne Philippe V, remporta une victoire décisive sur les forces anglo-impériales.

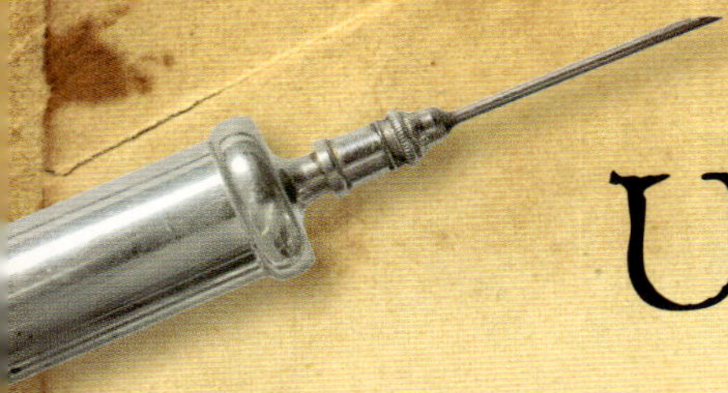

Un grand corps malade

Au XVIIe siècle, l'absence d'hygiène favorise la multiplication et la prolifération des maladies. Autant d'affections auxquelles la médecine, encore embryonnaire, peine à répondre. Si la chirurgie connaît un certain essor, beaucoup de médecins se contentent encore des vieux remèdes que sont la purge et la saignée. Le résultat, c'est une espérance de vie à la naissance qui ne dépasse pas les trente ans : un enfant sur quatre ne vit pas jusqu'à son premier anniversaire, un sur deux n'atteint pas l'âge adulte. Le roi de France n'est pas épargné, lui qui tombe régulièrement malade. S'il est quasiment impossible de lister tous les maux qui le frappent, certains retiennent particulièrement l'attention, parce qu'ils ont un effet sur le corps ou sur l'esprit du Roi-Soleil, et parfois donc sur le royaume tout entier.

La petite vérole manque d'emporter le roi

La première alerte a lieu en novembre 1647. Fiévreux, Louis délire, après s'être plaint de douleurs aux reins. Bientôt, des pustules apparaissent sur son corps. Pas de doute, c'est la petite vérole. Ce virus, aujourd'hui éradiqué depuis 1979, est alors très répandu, et souvent mortel. François Vaultier, le médecin royal, saigne l'enfant : il lui entaille la plante du pied afin de faire écouler du sang, censé évacuer humeurs et toxines. L'intervention n'entraînant aucune amélioration, il fait appel à ses collègues parisiens. L'éminente assemblée ainsi réunie tergiverse. Qui veut continuer les saignées ? Qui craint de tuer ce faisant le patient ? Après d'interminables discussions, il est décidé de tenter le tout pour le tout, en saignant et en purgeant le roi à nouveau. Est-ce positif ? Toujours est-il que, peu après la dernière saignée, Louis se rétablit. Fin novembre, il marche à nouveau. Il a résisté à la maladie qui emportera son fils. Mais il en garde des séquelles : des cicatrices caractéristiques, bien visibles sur le saisissant portrait de cire que réalisera Antoine Benoist soixante ans plus tard.

Ex-voto pour la guérison de Louis XIV, en juillet 1658.

Les belles boucles succombent à la fièvre typhoïde

Autre lieu, autres temps. En pleine bataille des Dunes, en juillet 1658 dans les Flandres, Louis est à nouveau victime d'une forte fièvre, et bientôt cloué au lit. Le roi a très probablement attrapé une fièvre typhoïde en buvant une eau souillée par la guerre. Antoine Vallot, qui remplace Vaultier, entame la longue succession de saignées. Sans succès. Alors le médecin prend, avec l'accord de Mazarin, un risque : celui de faire ingérer à Louis XIV, qui vient de recevoir l'extrême-onction, de l'antimoine. Ce vomitif élaboré à partir d'un minerai toxique a pourtant un inconvénient de taille : il tue le patient presque aussi souvent qu'il le soigne. Difficile d'évaluer si l'antimoine est bénéfique ou pas. Mais le roi résiste, et à sa maladie et aux traitements de ses médecins !

Une fois encore, il garde des séquelles de ces trois semaines de calvaire. Il vomit une « bile épaisse, jaune comme du miel », sent sa langue, devenue noire, gonfler dans sa bouche. Surtout, il perd sa chevelure, dont une partie ne repoussera jamais. Les belles boucles royales laissent la place à des perruques qui, de symbole de grand âge, deviennent, parce que le roi les porte, un accessoire à la mode. Enfin, Louis se rétablit, convaincu de l'amour de Marie Mancini, restée à son chevet nuit et jour. Ce qui va donner à Mazarin et Anne d'Autriche presque autant de sueurs froides que la fièvre typhoïde elle-même !

Antoine Vallot, médecin d'Anne d'Autriche et de Louis XIV.

La santé du roi surveillée jusque sur sa chaise percée

Pour que ce tableau soit complet, il faudrait parler de la totalité des maladies du roi. Des tumeurs mammaires au diabète qui l'emportera, en passant par la dysenterie ou la gonorrhée déjà évoquée, la santé de Louis XIV nous semble épouvantable. Elle est cependant à replacer en contexte : les vaccins et antibiotiques, qui préviennent énormément de maladies de nos jours, n'existent pas. Les traitements sont rudimentaires, l'hygiène balbutiante. Et si le roi paraît continuellement victime de quelque mal, ce n'est pas parce qu'il est de faible condition, mais bien parce que ses médecins – qui examinent quotidiennement et attentivement ses selles – consignent dans leur journal, jour après jour, le moindre de ses troubles. Luxe que ne possèdent pas tous les Français de l'époque...

Dents gâtées...

Moins dangereux, mais tout aussi problématique, est l'état de la dentition du Roi-Soleil. L'époque n'est, il faut l'avouer, globalement pas propice aux sourires hollywoodiens : peu de gens peuvent se targuer, comme Madame de Montespan, de posséder une dentition correcte après trente ans.

Le cas de Louis, dont les maux de dents commencent en 1676, ne serait donc pas extraordinaire, s'il n'avait point connu une détérioration catastrophique. En effet, afin de soulager ces premières douleurs, les savants qui entourent le roi décident de lui arracher certaines dents. L'opération, dont les détails sont inconnus mais qui, en l'absence de dentiste, aurait été menée par le maréchal-ferrant de Versailles, tourne à la boucherie, puisque la mâchoire du patient est gravement endommagée, faisant apparaître une ouverture entre la bouche et le sinus. Résultat : celui qui se croyait, jeune, l'égal d'Apollon voit une partie des liquides qu'il absorbe ressortir par son nez ! Sans parler des difficultés qu'il éprouve pour manger ou parler. Antoine Daquin, le médecin royal de l'époque, propose de cautériser la plaie avec un « bouton de feu », un petit instrument chauffé à blanc. À deux reprises en 1685, Louis XIV se le voit infliger.

Vue de la Fontaine du Buffet d'Eau. Au premier plan on reconnaît Louis XIV en chaise roulante.

… ET HALEINE CADAVÉRIQUE

Sachant que l'opération se fait sans la moindre forme d'anesthésie, il est facile d'imaginer le calvaire du roi. Qui ne prend d'ailleurs pas fin avec l'application du « bouton de feu » : s'il peut à nouveau boire et parler normalement, le roi est sujet à des abcès et à des caries, et éprouve jusqu'à sa mort des difficultés à mâcher. Enfin, cerise sur le gâteau, il promène une haleine décrite comme « pestilentielle », qui l'oblige à porter à sa bouche un mouchoir parfumé afin de ne pas incommoder ses interlocuteurs ou maîtresses.

LE ROI EST FISTULEUX !

Moins d'un an après l'application du bouton de feu, le corps du roi lui fait à nouveau défaut, affligé cette fois d'une fistule anale. Ce mal, causé par une infection non soignée, se manifeste sous la forme d'un abcès purulent et extrêmement douloureux au niveau de l'anus, qui empêche Louis de se déplacer et d'apparaître en public. Si une opération – dangereuse et incertaine – permet de nettoyer cet abcès, peu de chirurgiens la maîtrisent. Qui plus est, le monarque, habituellement peu prude quant à sa santé, veut cette fois-ci éviter que l'histoire ne s'ébruite : les fistules anales sont en effet associées à la pratique de la sodomie. Louis XIV, qui a déjà fort à faire avec l'homosexualité de son frère, veut éviter d'être lui-même la cible de quolibets !

Sa Majesté – qui refuse de quitter son palais pour se faire soigner par les eaux de Barèges, dans les Pyrénées –, étant incapable d'administrer le royaume, le ministre Louvois prend la décision : il faut opérer au plus vite. Charles-François Félix de Tassy, dit Félix, chirurgien royal de son état, est terrorisé à l'idée de tenir la vie du monarque entre ses bistouris. La rumeur veut que Louvois lui commande de se faire la main sur quelques fistuleux prélevés çà et là dans la capitale. La même rumeur précise que plusieurs de ces infortunés patients y laissent la vie…

Louis XIV aimait entendre lire Jean Racine et le faisait venir à son chevet lorsqu'il était malade.

LA GRANDE OPÉRATION

Tant pis : le 18 novembre, patient et chirurgien sont fin prêts. L'opération est menée en secret, en présence des médecins, de Louvois, qui tient la main de son souverain, et de Madame de Maintenon. Deux médecins écartent les jambes du roi, qui est couché sur son lit, nu comme un ver, tandis que Félix fait entrer en scène ses terribles instruments : écarteur d'anus et bistouris. Pendant les trois heures que dure ce qui va être appelé la Grande Opération, Louis ne se plaint pas. Le soir même, il réunit son conseil. Le message est clair : le roi est rétabli, le royaume est entre de bonnes mains. Si Louis XIV est éprouvé par cette affaire, il s'en sort mieux que son chirurgien : la petite histoire veut que Félix, écrasé par l'émotion lors de l'opération du fondement royal, reste victime de tremblement des mains jusqu'à sa mort !

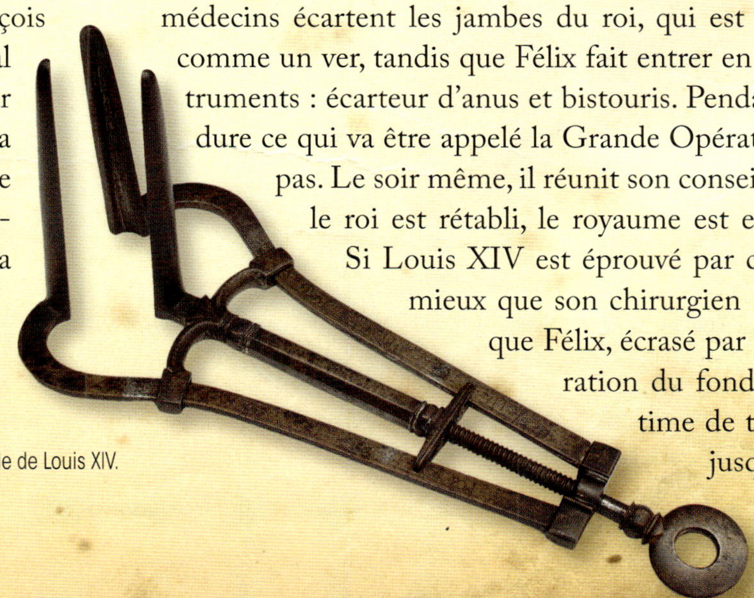

Écarteur d'anus utilisé par Félix de Tassy, chirurgien du roi, pour introduire le bistouri lors de l'opération de la fistule anale de Louis XIV.

LES DERNIÈRES ANNÉES DE RÈGNE

La fin du règne de Louis XIV n'a plus grand-chose à voir avec la gloire des débuts. Le jeune monarque acclamé par les foules et le conquérant qui s'est fait appeler Roi-Soleil ont laissé la place à un souverain âgé, fatigué et usé.

La France attend un changement

Depuis 1684, Louis XIV multiplie les « Marly », ces séjours vers le petit château qu'il a fait construire dans la banlieue de Paris, et qui lui permettent d'échapper à l'ambiance pesante comme à l'étiquette de Versailles. Le roi lui-même semble se lasser du personnage qu'il incarne depuis son adolescence. Il aime à quitter son palais, sa plus belle création, pour respirer, entouré d'une – grosse – poignée de proches avec qui il joue aux cartes ou à la balancelle, se promène et discute. Brefs moments de détente, au cours desquels il cesse un peu d'être le roi, pour redevenir Louis Dieudonné. Le monarque n'est pas le seul à se lasser. La France, peu habituée à des règnes aussi longs, n'a qu'une envie : tourner la page Louis XIV. L'époque où le peuple se pressait pour acclamer son souverain est bien révolue. Le pays a beau s'être enrichi au cours du Grand Siècle, rien n'y fait : après deux guerres épuisantes et plusieurs famines – auxquelles le roi, très sensible, fait pourtant de son mieux pour répondre –, après des décennies interminables de règne, ce sont des pamphlets moqueurs ou haineux, et non des applaudissements, qui visent le vieux monarque. L'opinion publique, constante comme elle sait l'être, espère une succession, tout comme, cinquante ans plus tôt, elle appelait de ses vœux le règne du petit Louis XIV. Le peuple lorgne du côté du Grand Dauphin, très populaire, d'autant plus qu'il a pris ses distances avec le roi, son père. Les déçus de la monarchie absolue se passionnent, eux, pour le fils du Dauphin, le duc de Bourgogne, qu'ils imaginent à tort être un parangon de vertu : n'a-t-il pas eu le grand Fénelon, ce théologien critique de l'autoritarisme royal, comme précepteur ?

Louis XIV et ses héritiers : son fils le Grand Dauphin (derrière lui), son petit-fils le duc de Bourgogne et son arrière-petit-fils le duc de Bretagne, frère aîné du futur Louis XV, tenu par sa gouvernante.

Louis d'or au soleil. Cette caricature critique Louis XIV, accusé d'avoir levé des impôts supplémentaires ou créé des offices pour entretenir les guerres nombreuses menées sous son règne.

Le deuil frappe les Bourbons

Mais voilà : le fils du roi, à force d'attendre patiemment son tour, n'est plus dans la fleur de l'âge. Et le 14 avril 1711, à presque cinquante ans, Monseigneur le Dauphin meurt de la petite vérole. Coup très dur pour le roi qui, malgré leurs différends, éprouvait toujours beaucoup d'affection pour celui qui était son premier enfant et seul fils légitime. « À tout moment les larmes lui viennent aux yeux, et il étouffe ses sanglots », note la princesse Palatine, belle-sœur du roi, au lendemain de la mort de Louis de France.

Le duc de Bourgogne, fils aîné du Grand Dauphin, devient alors le nouvel héritier du roi. Il ne le reste que dix mois : par un coup du sort digne d'une tragédie grecque, il est victime de la rougeole en février 1712, à vingt-neuf ans. Son premier fils le duc de Bretagne, à peine âgé de cinq ans, devient le nouveau successeur... Et ne le reste que dix-huit jours, avant que la même maladie ne l'envoie à son tour dans la tombe !

Son dernier espoir : un enfant de deux ans

Restent, dans l'ordre de succession, le dernier fils du duc de Bourgogne, arrière-petit-fils de Louis XIV qui a à peine deux ans lorsqu'il échappe à la rougeole qui emporte sa famille, suivi de Charles, le troisième fils du Grand Dauphin. Mais en 1714, ce dernier, alors âgé de vingt-huit ans, se tue dans un accident de chasse, sans laisser d'héritier.

Le vieux roi est abattu : de sa nombreuse descendance légitime, il ne subsiste qu'un successible ! Si, jusqu'à la fin, il continue, dans un Versailles morose, à assumer un rôle qui lui pèse de plus en plus, le roi de France n'est, à la fin de l'année 1714, plus que l'ombre de ce qu'il a été.

La question de la succession

Après les décès de trois Dauphins et d'un Dauphin potentiel, Louis redoute que son arrière-petit-fils, celui qui deviendra Louis XV, ne perde à son tour la vie. Il veut à tout prix éviter que le fils de son frère, Philippe d'Orléans, ne soit couronné. Louis voit en effet son neveu comme un libertin, un intrigant, qui aurait conspiré contre l'accession de Philippe V sur le trône d'Espagne et qui – la rumeur court alors – aurait peut-être empoisonné le duc de Bourgogne et sa famille. En 1714, Louis fait donc déclarer successibles ses deux derniers fils naturels, nés de Madame de Montespan : le duc du Maine et le comte de Toulouse. Ils pourront dès lors accéder au trône si jamais le nouveau Dauphin venait à mourir. En faisant cela, Louis XIV viole clairement les lois fondamentales du royaume, causant un dernier scandale retentissant.

LE SOLEIL S'ÉTEINT

Le mercredi 28 août 1715, un dénommé Brun se présente à Versailles. Il a avec lui, il l'assure, un élixir qui peut sauver le roi de France. Car la nouvelle s'est répandue dans le royaume : Louis XIV est gravement malade. C'est le 10 août que le monarque s'est plaint pour la première fois d'une douleur à la jambe. Fagon, son médecin, a diagnostiqué une sciatique. Le roi, confiant, a continué de remplir son devoir : lorsqu'il n'arrive pas à marcher, il tient ses conseils et reçoit les courtisans depuis son lit. Mais le 19, une tâche noire est apparue sur sa jambe. De ce jour elle ne fera que grossir. Le 26, enfin, après avoir incisé la chair jusqu'à l'os, Fagon n'a plus eu d'autre choix que de se rendre à l'évidence : la gangrène ronge le roi.

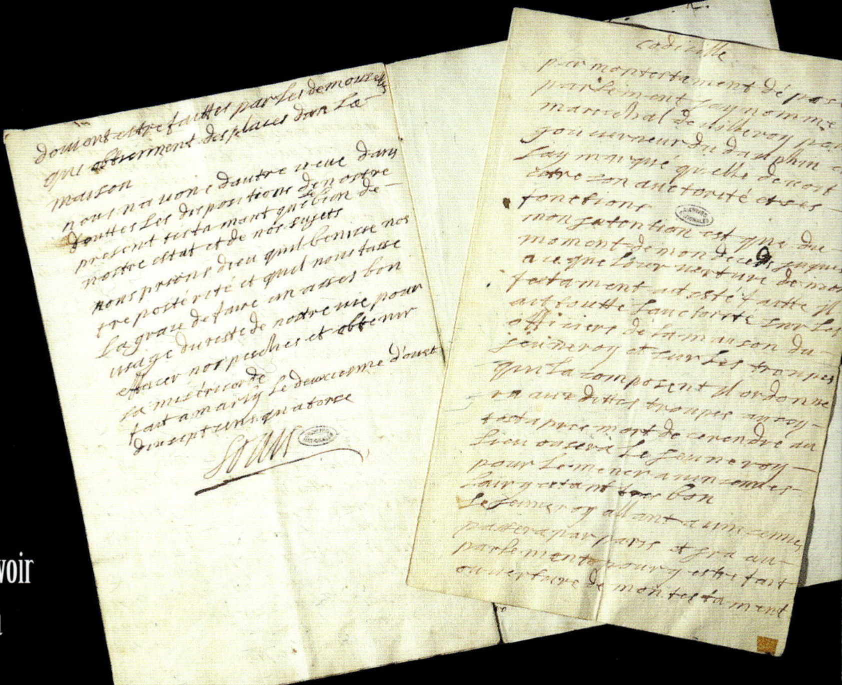

Testament de Louis XIV.

Buste en cire de Louis XIV, neuf ans avant sa mort.

Le Roi-Soleil affronte la mort avec sérénité

Et le savant n'a aucun remède à proposer. C'est là qu'intervient le fameux Brun. Après une longue négociation, on administre sa potion au roi alité. Mais le 29 août, la gangrène ne fait qu'empirer : le rebouteux venu de Provence n'était qu'un charlatan ! La situation est dès lors sans espoir. Louis XIV ne s'en chagrine pas. Est-ce la lassitude, la fatigue ? Voilà plusieurs jours qu'il est persuadé de sa mort prochaine. Préparant son décès, il accorde des entretiens à tous ses proches et à la cour. À Madame de Maintenon, qui s'entête à ne pas quitter sa chambre, il renouvelle son affection. À son arrière-petit-fils, qui va devenir Louis XV, il adresse une longue liste de conseils, dont son fameux « J'ai trop aimé la guerre ». Il discute, porte close, avec ses deux fils légitimés, le duc du Maine et le comte de Toulouse. Puis il reçoit, à plusieurs reprises, son neveu, Philippe duc d'Orléans, pour s'assurer de sa loyauté envers le futur roi, ce gamin maigrichon de cinq ans. Au chancelier Voysin, il ordonne de brûler des papiers confidentiels. Ses derniers devoirs accomplis, il perd connaissance le 30. Le 1er septembre, dans une chambre où règne une puanteur atroce, le roi, dont le corps est en pleine décomposition, supplie Dieu de le secourir dans un dernier moment de lucidité, puis s'éteint.

LES INTRIGUES REPRENNENT

La cour est transie. Louis XV pleure tant et plus. La Palatine, belle-sœur du défunt, explose de tristesse dans ses lettres. La marquise de Maintenon s'enferme dans son école de Saint-Cyr pour ne plus jamais en sortir. Mais, alors même que le corps du vieux roi est encore exposé dans le salon Mercure parfumé d'encens, Philippe d'Orléans s'active pour faire casser le testament royal. Le neveu de Louis XIV n'a aucunement l'intention d'abandonner le rôle de régent au simple bâtard qu'est le duc du Maine. Le 4 septembre, devant le Parlement de Paris, il s'oppose à son rival, avec l'appui des parlementaires. Le duc du Maine, fils favori du Grand Roi, est écarté du pouvoir, et bientôt disgracié. Mais malgré toutes les craintes de Louis XIV, Philippe d'Orléans, nommé Régent, s'acquittera fort convenablement de sa tâche.

Les derniers moments de Louis XIV. À Versailles, le 1er septembre 1715, le futur Louis XV, âgé de cinq ans, est présenté au roi mourant.

LA PROFANATION

Le 31 juillet 1793, la Convention nationale décide que « les tombeaux et mausolées des ci-devant rois, élevés dans l'église de Saint-Denis [...], seront détruits le 10 août prochain. » Il s'agit tout autant de récupérer le plomb des cercueils funéraires que de tourner définitivement la page de la monarchie. En octobre, les révolutionnaires vont littéralement piller la basilique. Le sort des cent soixante-dix cadavres déterrés dépend de l'image qu'ils ont laissée de leur vivant. On défile devant le corps d'Henri IV, et on conspue ce qu'il reste de son épouse Marie de Médicis. Quand, le 14 octobre, vient le tour de Louis XIV, les sans-culottes oscillent entre la crainte et l'hostilité. Soixante-dix-huit années après sa mort, le Roi-Soleil ne laisse toujours pas indifférent. D'autant plus que son corps, s'il est devenu « noir comme de l'encre », est bien conservé. Le roi semble regarder avec sévérité ses profanateurs. Il est donc décidé de ne pas l'exposer à la vue des curieux, et de le jeter directement dans la fosse commune. Là, quelques malins prélèvent ongles et dents, pour les revendre comme souvenirs, avant que ne soit versée de la chaux vive.

LE DERNIER VOYAGE

Reste la délicate question de l'enterrement du roi. Le 9 septembre, en pleine nuit, un convoi funéraire, escorté par une compagnie des gardes écossais, quitte Versailles pour la basilique de Saint-Denis. En organisant ce dernier voyage à la lueur des torches, on espère éviter les débordements et manifestations de joie indécentes : le peuple de Paris fête le décès de Louis XIV comme une délivrance. Malgré ce stratagème, la nouvelle du transport du roi se répand dans la ville. Une foule se regroupe tout le long du passage du chariot qui transporte la dépouille mortelle, et c'est sous les huées et les insultes que Louis Dieudonné rejoint ses aïeux dans leur nécropole.

Le bilan du Grand Siècle

Difficile de faire le bilan du règne de Louis XIV. Depuis « l'Histoire de France au XVIIIe siècle » de Michelet, ce roi a été tour à tour vu comme tyrannique, grandiose, catastrophique et modernisateur. Nul doute que la question continuera longtemps d'agiter les historiens. Malgré cela, il est possible de dessiner quelques grandes lignes, une ébauche de l'état de la France à la mort du Grand Roi.

Des frontières sûres

Géographiquement d'abord, la France de 1715 se rapproche de ses frontières actuelles. Elle a acquis le Roussillon et l'Artois en 1659, auxquels s'ajoutent bientôt l'Alsace, la Franche-Comté, une partie des Pays-Bas espagnols et de la Lorraine. Grâce à une frontière nord-est repoussée et fortifiée, Paris est protégée contre les invasions ennemies.

Outre-mer, le royaume poursuit son expansion dans les Antilles : en annexant Saint-Domingue (l'actuelle Haïti), la France devient la première puissance commerciale dans la région, au prix d'un recours croissant à la traite des Noirs. Dans les Amériques, à l'inverse, elle abandonne en 1713 ses prétentions sur la baie d'Hudson, la Terre-Neuve et l'Acadie, entamant ainsi le déclin de la Nouvelle-France.

Le royaume ruiné par les guerres

Économiquement, la situation est plus compliquée : à la veille de la mort du Roi-Soleil, la France est tout simplement ruinée. L'endettement du royaume auprès de grands créanciers atteint l'équivalent d'une décennie de recettes fiscales. Le sort de la population est également peu enviable : si la bourgeoisie s'enrichit grâce aux compagnies marchandes et aux manufactures, les paysans sont exténués par les guerres, saignés à blanc par des taxes que Louis XIV, malgré l'insistance de Colbert et de Vauban, a refusé de reformer en profondeur. Ce désastre se lit dans l'évolution démographique du Grand Siècle : la population française – le principal atout du pays – diminue entre 1650 et 1715…

La France du Roi-Soleil prend également du retard par rapport à sa nouvelle rivale : l'Angleterre. La « perfide Albion » (le terme serait de Bossuet) bénéficie de son taux d'alphabétisation élevé et de sa population plus urbanisée pour poser les jalons de sa future révolution industrielle. Ne pouvant rivaliser avec les plantations antillaises de la France, elle fait le choix d'encourager l'immigration de peuplement dans ses colonies américaines, afin d'en faire un débouché commercial. Tant et si bien qu'à la mort du Roi-Soleil, il y a dix Anglais pour chaque Français en Amérique du Nord. Cet avantage économique de l'Angleterre ne fera que s'accroître sous le règne de Louis XV.

Un État qui rayonne à l'étranger

Malgré tout, la France devient, grâce à Louis XIV, l'archétype de l'État européen moderne. Le souverain développe une administration efficace, chargée d'abord de rationaliser le prélèvement des impôts et de planifier le déroulement des guerres, bientôt de connaître l'état de l'opinion, de rendre compte de la situation de telle ou telle province et de limiter l'indépendance de la noblesse. Ce modèle va être repris et adapté, avec plus ou moins de succès, par les grandes puissances européennes. Enfin, la France de 1715 rayonne culturellement sur le reste de l'Europe. Le français est devenu la langue de l'élite, bientôt parlée de Madrid à Moscou. Les réalisations du Roi-Soleil, qui s'est entouré des meilleurs scientifiques, écrivains, architectes, sculpteurs et peintres, font l'envie de tous les souverains du continent. Ainsi que le voulait son créateur, Versailles s'est imposée comme une Rome moderne, dont les artistes illuminent le reste de la chrétienté.

LA FRANCE BOUILLONNE PENDANT LA RÉGENCE

En 1715, à la mort de Louis XIV, la France est déjà en train de perdre sa place de superpuissance au profit de l'Angleterre. Ce constat ne signifie pourtant pas que le pays connaît un déclin irréversible. Au niveau économique et politique, l'action du Régent Philippe d'Orléans est salutaire. Il s'emploie à résorber la dette du royaume, tout en diminuant le poids des impôts. Il maintient le pays dans une paix relative, malgré un rapide conflit avec l'Espagne de son petit-cousin Philippe V. Enfin, c'est aussi et surtout dans cette France de la Régence que savants et penseurs s'interrogent sur les notions de liberté et de tolérance, ouvrant la voie au grand mouvement des Lumières.

Transcription des fac-similés

p. 25 : Lettre autographe du cardinal Jules Mazarin, probablement à Mme de Venel, gouvernante de ses nièces, relative à Marie Mancini qu'il avait envoyée à Brouage pour la séparer de Louis XIV.

À Chatteau Neuf, 10 juillet 1659

Je vous adresse ce paquet pour ma nièce, et lorsqu'elle aura fait réponse, mettant la première couverture au S. Colbert, qui aura soin de rendre sa lettre, vous consignerez le paquet à ce valet de pied qui le portera en diligence à Fontainebleau. Je vous prie de m'écrire souvent et de faire souvenir à ma nièce de ce que je lui ai dit, car le pratiquant elle sera heureuse, et reconnaîtra que je m'intéresse plus à son bien que pas un autre. Vous pourrez consigner au S. Tenon les lettres que vous m'écrirez et faire toujours un état assuré de l'amitié du
Cardinal Mazarini

p. 35 : Lettre de Vauban à Louvois contre le fait d'engager des entrepreneurs au rabais dans le cas de constructions inachevées, le 17 septembre 1685.

Monseigneur

Il y a quelques queues d'ouvrages des années dernières qui ne sont point finies et qui ne finiront pas si les entrepreneurs en sont crûs, et tout cela Monseigneur par la confusion que causent les fréquents rabais qui se font dans vos ouvrages, car il est certain que toutes ces ruptures de marchés, manquements de paroles et renouvellement d'adjudications ne servent à vous attirer tous les misérables qui ne savent où donner de la tête, les fripons et les ignorants pour entrepreneurs et à faire fuir tous ceux qui ont de quoi et qui sont capables de conduire une entreprise ; je dis de plus qu'elles retardent et renchérissent considérablement les ouvrages qui n'en sont que plus mauvais, car tous ces rabais et bons marchés tant recherchés sont imaginaires, d'autant qu'il est d'un entrepreneur qui perd, comme d'un homme qui se noie, qui se prend à tout ce qu'il peut ; or se prendre à tout ce qu'on peut en matière d'entrepreneur est ne pas payer les marchands chez qui il prend des matériaux, mal payer les ouvriers qu'il emploie, friponner ceux qu'il peut, n'avoir que les plus mauvais parce qu'ils se donnent à meilleur marché que les autres, n'employer que les plus méchants matériaux qu'il peut, tirer toujours le cul en arrière sur tout ce à quoi il est obligé, [illisible] les façons, chicaner sur toutes choses et toujours crier miséricorde contre celui-ci et celui-là.
En voilà assez.

Monseigneur, pour vous faire voir l'imperfection de cette conduite, quittez-la donc, et au nom de Dieu rétablissez la bonne foi, donnez le prix des ouvrages et ne plaignez pas un honnête salaire à un entrepreneur qui s'acquittera de son devoir, ce sera toujours le meilleur marché que vous puissiez trouver.

Je suis avec bien du respect.

Monseigneur

À Belle Isles

Le 17 septembre 1685

Votre honorable et obéissant serviteur, Vauban

p. 35 : Lettre de D'Artagnan à Colbert sur l'arrestation de Nicolas Fouquet, le 17 septembre 1661.

Du château d'Angers ce 17e jour de septembre 1661

Lorsque le roy m'a fait l'honneur de me donner le commandement d'arrêter Monsieur Fouquet, il m'a dit de prendre mille louis d'or de vous. Il est même porté dans mon instruction je dis à monsieur le *[geôlier ?]* que j'*[avais ?]* de l'argent et que cela ne ferait que m'embarrasser d'aller prendre de l'argent, présentement il vous envoie un mousquetaire sy vous voulez lui donner il le recevra et il fera un mémoire de la dépense que je fais. J'ai été obligé de lui acheter quelque peu de *[vaisselle ?]* et je *[suis ?]* après à lui chercher un lit, celui où il couche n'étant pas des plus honnêtes et c'est un lit que je loue, dans mon ordre il est porté que j'achète les meubles qui lui seront nécessaires. Si dans le [illisible] que je suis ici vous vouliez m'ordonner quelque chose pour votre service je vous assure que personne ne s'en acquitterait avec plus de joie que moi puisque je vous suis [illisible] par la que je suis, Monsieur.

Votre humble [illisible] et obéissant serviteur

Artaignan

p. 41 : Lettre de Louise de La Vallière, devenue Louise de la Miséricorde, à un destinataire inconnu.

Monsieur, dans une telle peine pour trouver de l'argent que l'on ne sait souvent que faire pour avoir ce qui est absolument nécessaire pour vivre et ayant bien des choses pour lesquelles il en faut, et dont on ne peut se passer, nous attendons cette grâce de vous, Monsieur, et que vous nous ferez l'honneur de nous croire très véritablement votre très humble et très obéissante servante.

Louise de la Miséricorde

p. 47 : Ordre signé par Louis XIV et Colbert à Gédéon Barbier du Metz, conseiller du roi et garde du trésor royal, de payer comptant à Nicolas Boileau-Despréaux et à Jean Racine la somme de douze mille livres, dicté à Fontainebleau, le 11 septembre 1677.

Gratifications aux Sieurs Despréaux et Racine

Garde de mon Trésor royal

M. Gédéon du Metz payez comptant aux Sieurs Despréaux et Racine la somme de douze mille livres que je leur ai ordonnée à raison de six mille livres chacun par gratification et en considération de divers ouvrages auxquels ils travaillent par mon ordre. En rapportant la présente *[endossée ?]* desdits Despréaux et Racine ladite somme de douze mille livres sera employée au premier acquis de comptant qui s'expédiera par certification à votre décharge.

Fait à Fontainebleau le 11e jour de septembre 1677.

Compteur du Trésor royal

Bon

Louis

Colbert

p. 79 : Lettre de Louis XIV à l'origine de la fondation de la Comédie-Française (Société des comédiens-français ou du Théâtre-Français) datée du 21 octobre 1680.

De par le Roi

Sa Majesté ayant estimé à propos de réunir les deux troupes de comédiens établis à l'hôtel de Bourgogne et dans la rue Guénégaud à Paris, pour n'en faire [illisible] qu'une seule, afin de rendre les représentations des comédies plus parfaites par le moyen des acteurs et actrices auxquels Elle a donné place dans ladite troupe, Sa Majesté a ordonné et ordonne qu'à l'avenir lesdites deux troupes de comédiens français seront réunies pour ne faire qu'une seule et même troupe. Elle sera composée des acteurs et actrices dont la liste sera arrêtée par Sa Majesté, et pour leur donner moyen de se perfectionner de plus en plus, Sa Majesté veut que ladite seule troupe puisse représenter des comédies dans Paris, faisant défense à tout autre comédien français de s'établir dans la ville et faubourgs, sans ordre exprès de Sa Majesté. Enjoint Sa Majesté, au Sieur de la Reynie, lieutenant général de police, de tenir la main à l'exécution de la présente ordonnance.

Fait à Versailles le 21e jour du mois d'octobre 1680.

Louis

Colbert

p. 104 : Lettre de Madame de Maintenon à Monsieur Jassault, missionnaire à Versailles, à propos de l'organisation de la future École de Saint-Cyr.

A Chambort, ce 14 [ou 17 ?] sep

Vous m'avez fait grand plaisir d'aller à Noisy et je suis ravie que vous en soyez content je crains bien à vous parler confidemment que l'on ne s'y relâche un peu pendant mon absence et comme il est plus aisé de bien dire que de bien faire il est certain que l'on m'y craint beaucoup et que j'y veux un grand ordre quoi que je ne fais pas de même pour moi.

J'ai lu avec beaucoup d'attention le projet que vous m'envoyez je n'y vois rien que je n'approuve sans avoir même besoin de la déférence que j'aurais pour vos conseils.

Je suis tout à fait de votre avis sur la douceur de leur état mais je ne sais comment disposer leur journée car toute la dévotion se révoltera contre moi si je ne leur donne un office à dire, une oraison à faire, des jeûnes, des couplets, un chapitre, des retraites et en un mot tout ce qui se pratique à peu près dans les communautés.

Envoyez-moi je vous prie un projet de la manière dont vous voudriez que leur journée se passe [passant] ; vous entendez bien que tout ce que je vous dis est pour celles qui feront des vœux car pour les enfants, je les réglerai bien et je n'ai de talent que pour eux.

Mme de Brinon a fait des constitutions je vous les montrerai pour avoir votre avis.

En continuant de lire votre dessein, j'ai trouvé que vous leur marquez tout ce qui se peut faire dans un couvent ainsi je ne vous demande plus que la règle de leur journée.

Le Roi fondera la maison solidement et magnifiquement.

Je suis de votre avis encore sur les habillements je voudrais que les dames fussent de noir comme les demoiselles sont en gris et que les unes et les autres s'accommodassent à l'usage du temps en y gardant la simplicité et la modestie.

Je suis bien fâchée de ce que vous ne m'écriviez pas là-dessus tout ce que vous pensez. Mon temps ne peut être mieux employé qu'à chercher tout ce qui pourra rendre cet établissement agréable à Dieu et puisqu'il paraît que sa volonté est que je m'en mêle, je regarde cette affaire-là comme celle qui doit le plus manquer.
Mme de Brinon m'a sacrifié Mme de St Pierre j'espère qu'elle en sera plus occupée de ses obligations elle a tous les défauts que vous avez remarqués mais elle veut faire son salut. Elle nous est absolument nécessaire dans les commencements et si elle ne fait dans la suite ce que Dieu demande d'elle il faudra chercher autre chose car je suis persuadée que je dois uniquement chercher le bien de la maison.

Examinez bien les personnes dont vous me parlez pour me les faire voir dès que je serai à Versailles. Mais quoi qu'il arrive d'elles il ne faut pas que Mme de Brinon sache jamais qu'elles viennent de vous. Elle appréhende tout autre esprit que le sien et ne veut aucun commerce de directeur. Elle est sujette à [se prévenir ?] et me donnera de la peine à la réception des filles. Mais je pense que Dieu m'assistera dans les bonnes intentions que j'ai et dans la soumission que j'aurai toujours pour les avis des gens qui ont plus de vertu et d'expérience que moi.

Songez donc je vous conjure à m'aider de vos lumières. Dieu a permis que je vous ai consulté, vous entendez les communautés. La noblesse est toute nouvelle nous ne sommes obligés à aucune imitation il la faut par rapport à l'instruction des jeunes filles les autres ne sont/font que pour elles. Il ne faut jamais ni changer cet institut ni y rien ajouter, c'est l'intention du Roi et mon avis est de le renfermer à une seule obligation pour s'en mieux acquitter.
Je vous conjure de prier Dieu pour moi et de lui demander que je sois plus occupée de mon salut car je me partage en tant de différentes choses que j'en ai du scrupule quoi qu'il n'y en ait pas une de mauvaise.

Je ne vous dis rien, Monsieur, sur l'estime que j'ai pour vous croyant vous l'avoir prouvée par ma confiance.

p. 113 : Traité d'annexion de Strasbourg à la France, après la capitulation de la ville le 30 septembre 1681.

La Ville de Strasbourg, à l'exemple de Monsieur l'Évêque de Strasbourg, le comte de Hanau, seigneur de Fleckenstein et de la noblesse de la Basse-Alsace reconnaît Sa Majesté Très Chrétienne pour son souverain seigneur et protecteur.

Sa Majesté confirmera tous les anciens privilèges, droits, statuts et coutumes de la ville de Strasbourg tant ecclésiastiques que politiques, conformément au traité de paix de Westphalie, confirmé par celui de Nimègue.

Sa Majesté laissera le libre exercice de la religion comme il a été depuis l'année 1624, jusques à présent, avec toutes les Églises et Écoles, et ne permettra à qui que ce soit d'y faire des prétentions, ni aux biens ecclésiastiques, fondations et couvents, à savoir l'abbaye de Saint-Étienne, le chapitre de Saint-Thomas, Saint-Marc, Saint-Guillaume, aux Touts-Saints, et tous les autres compris et non compris, mais les conservera à perpétuité à la ville et ses habitants.

Sa Majesté veut laisser le magistrat dans le présent état, avec tous les droits et libre élection de leurs collèges, notamment celui de Treize, Quinze, Vingt et un, Grand et Petit Sénat, des Échevins, des officiers de la ville et chancellerie, des couvents ecclésiastiques, l'université, avec tous leurs docteurs, professeurs et étudiants, en quelque qualité qu'ils soient, le Collège, les tributs et maîtrises, tout comme ils se trouvent à présent avec la juridiction civile et criminelle.

Sa Majesté accorde aussi à la ville que tous les revenus, droits, péages, pontenages et commerces, avec la douane soient conservés en toute liberté et jouissance comme elle les a eus jusques à présent, avec la libre disposition de la Pfenningthurm à la Monnaie, des magasins de canons, munitions, armes, tant de ceux qui se trouvent dans l'arsenal qu'aux remparts et maisons de bourgeoisie, des magasins des blés, vins, charbons, suif, et tous les autres, les [illisible] comme aussi les archives, documents et papiers de quelque nature qu'ils soient.
Toute la bourgeoisie demeurera exempte de toutes contributions et autres paiements, Sa Majesté laissant à la ville tous les impôts ordinaires et extraordinaires pour sa conservation.

Sa Majesté laissera à la ville et aux citoyens de Strasbourg la libre jouissance du pont du Rhin, de toutes leurs villes, bourgs, villages, maisons champêtres et terres, qui leur appartiennent, et fera la grâce à la ville de lui octroyer des lettres de répit contre ses créanciers, tant dans l'Empire que dehors.

Sa Majesté accorde aussi une amnistie de tout le passé tant au public qu'à tous les privés sans aucune exception. Et y fera comprendre le prince palatin de Veldence, le comte de Nassau, le résident de S. M. Impériale, le Bruderhoff, avec les officiers, maisons et appartenances.

p. 113 : Ratification du traité d'annexion de Strasbourg à la France, le 3 octobre 1681.

Sa Majesté après avoir vu et examiné tous les articles et leurs apostilles a approuvé, ratifié et confirmé, approuve, ratifie et confirme tout ce qui a été répondu et promis en son nom par lesdits Sieurs Marquis de Louvois et Baron de Montclar suivant la teneur desdits apostilles. Promettant en foi et parole de Roi de les entretenir, garder et observer inviolablement de point en point et d'empêcher qu'il n'y soit contrevenu directement ou indirectement. En foi de quoi Sa Majesté a signé la présente de sa main et à icelles fait apposer son scel secret.

Fait à Vitry le 3e jour d'octobre 1681.

Louis

Colbert

Crédits photographiques

p.6 : Ph. © Noël Carrier, Visual Press Agency ; p.9 : portrait par Charles Le Brun, Musée du Louvre, Paris. Ph. © Photo Josse/Leemage ; p.10 : peinture de Charles et Henri Beaubrun, Châteaux de Versailles et de Trianon. Ph. © RMN-Grand Palais (Château de Versailles)-DR ; p.11 ht : portrait d'Anne d'Autriche par P.P. Rubens, Châteaux de Versailles et du Trianon. Ph. © Heritage Images/Leemage ; p.11 bas : gravure de Pieter Van Sompel d'après Van Dyck. Ph. O. Ploton © Archives Larousse ; p.12 : peinture, atelier de Philippe de Champaigne, Châteaux de Versailles et de Trianon, Versailles ; Ph. © Archives Larbor ; p.13 ht g : Louis XIII, détail d'un tableau de Philippe de Champaigne, musée des Augustins, Toulouse. Ph. © Archives Larbor ; p.13 bas : Eau-forte de Jean Marot, musée Carnavalet, Paris. Ph. © Archives Larbor ; p.14 : portrait par Claude Deruet, musée des Beaux-Arts, Orléans. Ph. © Photo Josse/ Leemage ; p.15 ht : peinture de Sauveur Le Conte, musée Condé, Chantilly. Ph. H. Josse © Archives Larbor ; p.15 bas : peinture par l'atelier de Charles et Henri Beaubrun, Châteaux de Versailles et de Trianon. Ph. © Deagostini/Leemage ; p.16 : attribué à Philippe de Champaigne, cabinet des dessins, musée du Louvre, Paris. Ph. © Archives Larousse ; p.16 : Fac-similé: Dessin de Claude Mellan (1644), musée de l'Ermitage, Saint-Pétersbourg. Ph. © FineArt Images/Leemage ; p.17 ht m : écu de 10 louis. Ph. Coll. Archives Larousse ; p.17 bas : peinture, école française, Châteaux de Versailles et de Trianon. Ph. © Archives Larousse ; p.18 : peinture anonyme, Châteaux de Versailles et de Trianon. Ph. Coll. Archives Nathan ; p.19 ht d : Ph. © BnF, Dist. RMN-Grand Palais/ image BnF ; p.19 bas g : Ph. Coll. Archives Larousse ; p.20 : peinture anonyme, Château de Versailles et de Trianon. Ph. © RMN-Grand Palais (Château de Versailles)/Gérard Blot ; p.21 h : Ph. Coll. Archives Larousse ; p.21 mg : miniature de Jean Petitot le Vieux, musée du Louvre, Paris. Ph. © Musée du Louvre, Dist.RMN-Grand Palais/Martine Beck-Coppola ; p.22 ht : tapisserie réalisée par l'atelier de Jean-Baptiste Mozin, Manufacture des Gobelins, Châteaux de Versailles et de Trianon. Ph. © DeAgostini/Leemage ; p.22 m g et 23: monnaie du sacre de Louis XIV; Ph. O. Ploton © Archives Larousse ; p.23 d : peinture de Henri Testelin, Châteaux de Versailles et de Trianon. Ph. © Photo Josse/ Leemage ; p.24 : portrait par Jacob Ferdinand Voet (1661), Gemäldegalerie, Berlin. Ph. © Akg-images ; p.25 ht : gravure de Robert Nanteuil (1656). Ph. Coll. Archives Larousse ; p.25 bas : peinture anonyme, Petit Palais, Paris. Ph. © Petit Palais/ Roger-Viollet ; p.25 : fac-similé: Lettre autographe signée par Jules Mazarin probablement à Madame de Veneul, gouvernante de ses nièces (10 juillet 1659). Collection AUTOGRAPHES DES SIECLES- Julien Paganetti, Lyon ; p.26 : tableau de Jean-Pierre Franque, Châteaux de Versailles et de Trianon. Ph. © Photo Josse/ Leemage ; p.27 ht : Ph. Coll. Archives Larbor ; p.27 bas m : Ph. O.Ploton © Archives Larousse ; p.27 bas d : Gravure de Jean-Baptiste Bonnart, musée Carnavalet, Paris. Ph. Jeanbor © Archives Larbor ; p.28 : peinture de Jacques Laumosnier, musée de Tessé, Le Mans. Ph. Coll. Archives Larbor ; p.29 ht : tableau de Pierre Mignard, musée du Prado, Madrid. Ph. © Archives Larbor ; p.29 bas : Ph. Coll. Archives Larousse ; p.29 : fac-similé: Gravure d'après un dessin de Moret représentant la rencontre du traité des Pyrénées. Ph. Coll. Archives Larousse ; p.30 : voûte de la Galerie des Glaces, Charles Le Brun, Châteaux de Versailles et de Trianon. Ph. © RMN-Grand Palais (Château de Versailles)/ Gérard Blot ; p.31 : Ph. O.Ploton © Archives Larousse ; p.32 : almanach de 1681. Ph. Coll. Archives Larousse ; p.33 ht : Musée de la Marine, Paris. Ph. Coll. Archives Larousse ; p.33 bas : Musée Carnavalet, Paris. Ph. Jeanbor © Archives Larbor ; p.34 ht : Ph. © St-Genès/ Archives CDA/ Akg-images ; p.35 ht : Peinture anonyme, Châteaux de Versailles et du Trianon. Ph © Photo Josse/Leemage ; p.35 bas : Ph. © Erich Lessing/ Akg-images ; p.35 : fac-similé 1: Lettre à Louvois de Vauban (1685). Ph. Coll. Archives Larousse ; p.35 : fac-similé 2: Lettre de D'Artagnan à Colbert concernant l'arrestation de Nicolas Fouquet (1661). Ph. © BNF, dist. RMN-Grand Palais/ Image Bnf ; p.36 ht : Ph. O. Ploton © Archives Larousse ; p.36 bas : Ph. Coll. Archives Larbor ; p.37 : Ph. O. Ploton © Archives Larousse ; p.38 : peinture de Adam Frans van der Meulen, musée de peinture et de sculpture, Grenoble. Ph. Coll. Archives Larousse ; p.39 : Ph. Coll. Archives Larousse ; p.40 : portrait de l'atelier de Claude Lefebvre, Châteaux de Versailles et de Trianon. Ph. © Photo Josse/ Leemage ; p.41 ht : Ph. © National Gallery of Art, Washington ; p.41 bas : gravure aquarellée de Noël d'après Massard, XVIIIIe siècle. Ph. O. Ploton © Archives Larousse ; p.41 : fac-similé: Lettre de Louise de La Vallière de 1674. Ph. © Neurdein/ Roger-Viollet ; p.42 ht : épée dite de Louis XIV. Ph. © Paris, Musée de l'Armée, Dist. RMN-Grand Palais/ image musée de l'Armée ; p.42 m : peinture de Chalres Le Brun (1672), Château de Versailles et de Trianon. Ph. © RMN-Grand Palais (Château de Versailles)/ Gérard Blot/ H. Lewandowski ; p.43 ht : peinture de Pierre-Denis Martin, musée des Beaux-Arts, Dôle. Ph. Christian Robert © Archives Larbor ; p.44 : peinture de Henri Testelin, Châteaux de Versailles et de Trianon. Ph. © Photo Josse/ Leemage ; p.45 ht : peinture de Jean Garnier, Châteaux de Versailles et de Trianon. Ph. © RMN-Grand Palais (Château de Versailles)/ Daniel Arnaudet/ Hervé Lewandowski ; p.45 bas : Ph. Coll. Archives Larbor ; p.46 ht : tapisserie de l'atelier Étienne Le Blond, Châteaux de Versailles et de Trianon. Ph. © DeAgostini/ Leemage ; p.46 bas : peintre, école française, XVIIe siècle, Châteaux de Versailles et de Trianon. Ph. H. Josse © Archives Larbor ; p.47 ht : Ph. © J. Paul Getty Museum, Los Angeles ; p.47 bas : sculpture de François Girardon et Thomas Regnaudin. Ph. © Marc Deville/ Akg-images ; p.47 : fac-similé 1: Ordre signé par Louis XIV et Colbert à Gédéon Berbier Du Metz de payer comptant à Nicolas Boileau-Despréaux et à Jean Racine la somme de 12.000 livres, Archives Nationales, Pierrefite-sur-Seine ; p.48 ht g : peinture attribuée à Charles Beaubrun. Ph. © Sotheby's/ Akg-images ; p.48 m d : Ph. O. Ploton © Archives Larousse ; p.49 : portrait par Pierre Mignard, musée des Beaux-Arts, Bordeaux. Ph. © Josse/ Leemage ; p.50 : Château Fasanerie, Fulda. Ph. © MP/ Leemage ; p.51 : peinture de Henri Gascard, collection privée. Ph. © Vusioars/ Akg-images ; p.52 : Ph. Coll. Archives Larbor ; p.53 ht : Portrait anonyme, Châteaux de Versailles et de Trianon. Ph. © MP/ Leemage ; p.53 bas d2 : Ph. Coll. Archives Larbor ; p.53 : fac-similé: Châteaux de Versailles et de Trianon. Ph. © RMN-Grand Palais (Château de Versailles)/ DR ; p.54 : portrait par René-Antoine Houasse, Châteaux de Versailles et de Trianon. Ph. © Photo Josse/ Leemage ; p.55 ht : peinture, école française du XVIIIe siècle, Châteaux de Versailles et de Trianon; Ph. H. Josse © Archives Larbor ; p.56 et 57: 7-Ph. Coll. Archives Larousse ; p.58 : Peinture Adam Frans Van der Meulen, The Royal Collection Enterprises © Her Majesty Queen Elisabeth - Coll. Archives Larbor ; p.59 : gouache de Joseph Werner, Châteaux de Versailles et de Trianon. Ph. Hubert Josse © Archives Larbor ; p.60 : vue du château et des jardins de Versailles prise de l'Avenue de Paris en 1668, peinture par Pierre Patel le Père. Ph. © Château de Versailles, dist. RMN-Grand Palais/ C. Fouin ; p.60 : fac-similé 1: Plan du rez-de-chaussée. Ph. © RMN-Grand Palais (Château de Versailles)/ G. Blot ; p.60 : fac-similé 2: Plan du premier étage de Versailles (1714-1715). Ph. © RMN-Grand Palais (Château de Versailles)/G. Blot ; p.60 : fac-similé 3: Plan général du château de Versailles ; Ph. © Musée du Louvre, dist. RMN-Grand Palais/ S. Nagy ; p.61 : peinture de Jean-Baptiste Martin, Châteaux de Versailles et de Trianon. Ph. © Archives Nathan ; p.62 et 63 : Ph. © RMN-Grand Palais (Château de Versailles)/ Michel Urtado ; p.64 : maquette de l'escalier des Ambassadeurs, Châteaux de Versailles et de Trianon. Ph. © RMN-Grand Palais (Château de Versailles)/droits réservés ; p.65 ht : élévation du pavillon central des façades du Louvre côté Seine, construit par Le Vau. Ph. Library of Congress, Washington ; p.65 bas : premier projet pour le Palais du Louvre, élévation de la façade principale, dessin du Bernin, musée du Louvre, Paris. Ph. Coll. Archives Larousse ; p.66 : portrait par Hyacinthe Rigaud, musée du Louvre, Paris. Ph. © RMN-Grand Palais (musée du Louvre)/ S. Maréchalle ; p.67 : vue partielle du plafond de la Galerie des Glaces par Charles Le Brun, Châteaux de Versailles et de Trianon. Ph. © RMN-Grand Palais (Château de Versailles)/ G. Blot/ H. Lewandowski ; p.68 : Châteaux de Versailles et de Trianon. Ph. © RMN-Grand Palais (Château de Versailles)/ H. Lewandowski ; p.69 ht d : gouache de Jean Cotelle, Châteaux de Versailles et de Trianon. Ph. Hubert Josse © Archives Larbor ; p.69 bas g : portrait par Carlo Maratta, Châteaux de Versailles et de Trianon. Ph. © RMN-Grand Palais (Château de Versailles)/ J.M. Manaï ; p.69 : fac-similé 1: 2 Ph. © RMN-Grand Palais (Château de Versailles)/ C. Jean ; p.69 : fac-similé 2: Vue perspective de Versailles du côté des écuries du Château par Israël Silvestre. Ph. ©Musée du Louvre, dist. RMN-Grand Palais/ S. Nagy ; p.70 et 71: Châteaux de Versailles et de Trianon. Ph. © RMN-Grand Palais (Château de Versailles)/ Droits réservés ; p.72 ht d : Ph. Coll. Archives Nathan ; p.72 bas : gouache de Henri Gissey, musée Carnavalet, Paris. Ph. Michel Didier © Archives Larbor ; p.73 ht : Ph. Michel Didier © Archives Larbor ; p.73 bas : Ph. © Archives Larbor ; p.74 : portrait d'après Claude Lefebvre, Châteaux de Versailles et de Trianon. Ph. © RMN-Grand Palais (Château de Versailles)/ G. Blot ; p.75 ht : gravure de Jean Dieu de Saint-Jean. Ph. Coll. Archives Larbor ; p.76 ht : aquarelle du costume de Dom Juan, Comédie Française, Paris. Ph. Jeanbor © Archives Larbor ; p.76 bas : esquisse du talbeau le Déjeuner de Molière, J.A. Ingres, bibliothèque-Musée de la Comédie Française, Paris. Ph. Luc Joubert © Archives Larbor ; p.77 ht g : portrait par Pierre Mignard (1671), musée Condé, Chantilly. Ph. H. Josse © Archives Larbor ; p.77 ht d : costume de Tartuffe. Ph. Coll. Archives Larbor ; p.77 m g : costume de Monsieur de Pourceaugnac, Comédie Française, Paris. Ph. Coll. Archives Larbor ; p.77 bas d : portrait par François de Troy, musée du Breuil de Saint-Germain, Langres. Ph. Canonge © Archives Larbor ; p.78 ht : Comédie Française, Paris. Ph. Coll. Archives Larbor ; p.78 bas g : peinture anonyme, école française, XVIIe siècle, Comédie Française, Paris. Ph. Luc Joubert © Archives Larbor ; p.79 : peinture par Antoine Coypel, musée du Louvre, Paris. Ph. Hubert Josse © Archives Larbor ; p.79 : fac-similé: Archives nationales, Paris. Ph. Coll. Archives Nathan ; p.80 : peinture par François Marot. Ph. © RMN-Grand Palais (Château de Versailles)/G. Blot ; p.81 : Ph. Coll. Archives Larousse ; p.82 : peinture anonyme, école française vers 1684, Châteaux de Versailles et de Trianon. Ph. © MP/Leemage ; p.83 ht : gravure par N. Arnoult. Ph. O. Ploton © Archives Larousse ; p.83 bas : Musée des chaussures Petro Bertolini, Vigevano. Ph. © DeAgostini/ Leemage ; p.84 et 85 : Peinture par Jean Léon Gérôme, musée d'Orsay, Paris. Ph. © RMN-Grand Palais (Musée d'Orsay)/ H. Lewandowski ; p.86 : Tableau attribué à Antoine Coypel. Ph. © RMN-Grand Palais (Château de Versailles)/G. Blot ; p.87 ht : Ph. O. Ploton © Archives Larousse ; p.87 bas : Ph. © The J.Paul Getty Museum, Los Angeles ; p.88 : gravure en couleur de Maurice Leloir (1904). Ph. O. Ploton © Archives Larousse ; p.89 ht d : portrait d'un gentilhomme par Antoine Watteau (1715), musée du Louvre, Paris. Ph. © Archives Larousse ; p.90 ht g : Ph. © The J. Paul Getty Museum, Los Angeles ; p.90 bas : Ph. O. Ploton © Archives Larousse ; p.91 ht d : Ph. © RMN-Grand Palais (musée du Louvre)/ A. Didier-jean ; p.91 bas g : Ph. © Château de Versailles, Dist. RMN-Grand Palais/J.M. Manaï ; p.91 bas m : Ph. © RMN-Grand Palais (Château de Versailles)/ Jean Popovitch ; p.92 : peinture de Christian Berentz, Galleria Nazionale d'Arte Antica Di Palazzo Corsini, Rome. Ph. © DeAgostini/Leemage ; p.93 ht m : aiguière de Nicolas Delaunay (1700) en bronze doré. Ph. © RMN-Grand Palais (musée du Louvre)/ S. Maréchalle ; p.93 m g : Coupe en argent et cristal de roche de G.B. Metellino (1685). Ph. © RMN-Grand Palais (musée du Louvre)/ J.G. Berizzi ; 93 bas d : illustration du Repas ridicule de Nicolas Boileau. Ph. Coll. Archives Larbor ; p.93 : Fac-similé Ph. © RMN-Grand Palais (Château de Versailles)/ DR ; p.94 ht d : moulage du contre-sceau du grand sceau de Louis XIV, Archives Nationales, Paris. Ph. Coll. Archives Larousse ; p.94 bas : peinture anonyme, XVIIe siècle, Châteaux de Versailles et de Trianon. Ph. © Photo Josse/ Leemage ; p.95 ht : tableau de Philippe de Champaigne, musée des Beaux-Arts de Grenoble. Ph. © Photo Josse/ Leemage ; p.95 bas : Ph. © The J. Paul Getty Museum, Los Angeles ; p. 96 hg : Détail d'une peinture de Lubin Baugin, Galleria Spada, Rome. Ph. © Luisa Ricciarini/Leemage ; p.96 m : dessin de Jean Le Pautre (1654), musée des Beaux-Arts Pouchkine, Moscou. Ph. © FineArt images/ Leemage ; p.96 et 97 bas : Ph. © Photo Josse/ Leemage ; p.97 ht : Ph. © RMN- Grand Palais (Château de Versailles)/ D. Arnaudet/ J. Schormans ; p.97 m g : chandelier en applique en bronze attribué à A.C. Boulle vers 1715. Ph. © The J. Paul Getty Museum, Los Angeles ; p.98 : peinture de Jan Davidsz de Heem, collection particulière. Ph. © Christie's images/ Bridgeman Images ; p.99 : Gravure du XIXe siècle. Ph. © Roger-Viollet ; p.100 : peinture de Jean Nocret. Ph. © RMN-Grand Palais (Château de Versailles)/ DR ; p.101 : dessin du XVIIe siècle. Ph. © RMN-Grand Palais (Château de Versailles)/ F. Raux ; p.101 bas g : Ph. Coll. Archives Larousse ; p.102 : Château de Maintenon. Ph. © Roger-Viollet ; p.103 : peinture de Julie Philipault, musée du Louvre, Paris. Ph. © Photo Josse/ Leemage ; p.103 bas : peinture anonyme du XVIIe siècle, musée Tessé, Le Mans. Ph. Coll. Archives Larbor ; p.104 : école française, XVIIe siècle, musée des Beaux-Arts, Le Havre. Ph. Photorama, Le Havre © Archives Larbor ; p.105 ht d : gravure en couleur de Maurice Leloir (1904). Ph. O. Ploton © Archives Larousse ; p.105 bas : Ph. O. Ploton © Archives Larousse ; p.105 : fac-similé: Ph. O. Ploton © Archives Larousse ; p.106 : peinture par Pierre Mignard (1687), Châteaux de Versailles et de Trianon. Ph. H. Josse © Archives Larbor ; p.107 : peinture de Pierre Mignard, Châteaux de Versailles et de Trianon. Ph. © DeAgostini/ Leemage ; p.108 : peinture d'après Pierre Mignard. Ph. © RMN-Grand Palais (Château de Versailles)/ G. Blot ; p.109 ht : atelier de Hyacinthe Rigaud. Ph. © RMN-Grand Palais (Château de Versailles)/ G. Blot ; p.109 bas : peinture attribuée à Pierre Gobert, début du XVIIIe siècle. Ph. © Bibliothèque Sainte-Geneviève, Paris ; p.110 et 111 : Peinture de Jean-Baptiste Martin, musée municipal, Dôle. Ph. C. Robert © Archives Larbor ; p.110 ht : Costumes d'infanterie sous Louis XIV. Ph. O. Ploton © Archives Larousse ; p.112 : peinture de François Gérard, musée du Château de Chambord. Ph. © DeAgostini/ Leemage ; p.112 bas : lithographie de G. David. Ph. Coll. Archives Larousse ; p.113 : peinture de Jean Alaux (1836), musée historique, Versailles. Ph. © AISA/ Leemage ; p.113 : fac-similé: Ph. O. Ploton © Archives Larousse ; p.114 : peinture de Michel Corneille l'Ancien. Ph. © RMN-Grand Palais (Château de Versailles)/ G. Blot ; p.115 ht : Ph. © DeAgostini/ Leemage ; p.115 m : pot de pharmacie, céramique de Sèvres, vers 1700. Ph. © RMN-Grand Palais (Sèvres, cité de la Céramique)/M. Beck-Coppola ; p.115 : Ph. © Château de Versailles, Dist. RMN-Grand Palais/ image Château de Versailles ; p.116 : peinture de Ch. Chatelain. Ph. © RMN-Grand Palais (Château de Versailles)/ D. Arnaudet ; p.117 ht : gravure de A. Duruy (1865). Ph. © Bianchetti/ Leemage ; p.117 bas : Musée d'Histoire de la Médecine, Paris. © DR ; p.118 : Ph. © The Wallace Collection, Londres, dist. RMN-Grand Palais/ The Trustees of the Wallace Collection ; p.119 : Ph. Coll. Archives Larbor ; p.119 : fac-similé: Ph. Coll. Archives Larbor ; p.120 ht : Ph. Coll. Archives Nathan ; p.120 bas : portrait d'Antoine Benoist, Châteaux de Versailles et de Trianon. Ph. H. Josse © Archives Larbor ; p.121 : gravure d'après P. Philippoteaux. Ph. © Akg-images ; p.123 : portrait de Louis XVI en 1701 par Hyacinthe Rigaud, musée du Louvre, Paris. Ph. © Photo Josse/ Leemage.

Imprimé en Chine par Toppan Leefung Printing
Dépôt légal : octobre 2015
316224/01 – 10030269 – juillet 2015